ゼロから話せる
モンゴル語

新装版

温品廉三

会話中心

三修社

トラック対応表

トラック	ページ	トラック	ページ
―覚えるフレーズ―		50 ポイント	57
1 ありがとう	2	51 яриа 11	58
2 ごめんなさい	2	52 いろいろな表現	60
3 どういたしまして	3	53 ポイント	61
4 こんにちは	3	54 яриа 12	62
5 こんにちは〔2人以上の相手に〕	4	55 いろいろな表現	64
6 さようなら	4	56 ポイント	65
7 さあ…／はい！	5	57 яриа 13	66
8 はい／いいえ	5	58 いろいろな表現	68
9 違います	6	59 ポイント	69
10 よろしいですか	6	60 яриа 14	70
11 わかりません	7	61 いろいろな表現	72
12 どうしたらいいですか	7	62 ポイント	73
13 ～は，ありますか	8	63 яриа 15	74
14 これをください	8	64 いろいろな表現	76
15 これを，いただけませんか	9	65 ポイント	77
16 いくらですか	9	66 яриа 16	78
17 もう，けっこうです	10	67 いろいろな表現	80
18 ～は，どこにありますか	10	68 ポイント	81
19 誰ですか／何ですか	11	69 яриа 17	82
20 1，2，3，4…	11	70 いろいろな表現	84
―ダイアローグで学んでみよう―		71 ポイント	85
21 яриа 1	18	72 яриа 18	86
22 いろいろな表現	20	73 いろいろな表現	88
23 ポイント	21	74 ポイント	89
24 яриа 2	22	75 яриа 19	90
25 いろいろな表現	24	76 いろいろな表現	92
26 ポイント	25	77 ポイント	93
27 яриа 3	26	78 яриа 20	94
28 いろいろな表現	28	79 いろいろな表現	96
29 ポイント	29	80 ポイント	97
30 яриа 4	30	81 「東西南北」と「前後左右」を表す語彙	98
31 いろいろな表現	32	―文法編―	
32 ポイント	33	82 文字と発音	100
33 яриа 5	34	83 母音字	101
34 いろいろな表現	36	84 長母音	102
35 ポイント	37	85 半母音＋母音を表す文字	103
36 яриа 6	38	86 子音の発音で注意するもの	103
37 いろいろな表現	40	87 つづりと発音のずれ	106
38 ポイント	41	88 数詞	114
39 яриа 7	42	―ヴィジュアル　モンゴル語―	
40 いろいろな表現	44	89 1. からだ	132
41 ポイント	45	90 2. 食器	133
42 яриа 8	46	91 3. ゲル	134
43 いろいろな表現	48	92 4. 自然	135
44 ポイント	49	93 5. 街の中	136
45 яриа 9	50	94 6. 服装	137
46 いろいろな表現	52	95 7. 家族	138
47 ポイント	53	96 8. 日用品	139
48 яриа 10	54	97 9. 飲食物	140
49 いろいろな表現	56		

はじめに

　みなさん，こんにちは．これからいっしょにモンゴル語の勉強を始めることにしましょう．

　モンゴルというと，みなさんは何を連想されるでしょうか．どこまでも果てしなく広がる大草原でしょうか．あるいは，あの有名な歴史上の人物，チンギス・ハーンでしょうか．1990 年には，ロシアと中国の間に位置するモンゴル国が民主化されました．それ以来，わが国のマスコミでもモンゴルが紹介されることが多くなり，日本とモンゴルの人々の交流も以前に比べれば，はるかに密度の濃いものになりつつあります．

　わたしたちにとって急速に身近な存在となった，このアジアの内陸に生きる人たちが，どんなことばを話しているのかを知ることは大いに意義のあることだと思います．

　この本は，初めてモンゴル語を学ぶ人のために作られたものです．

　平易な表現をどんどん覚えて，モンゴル人と直接モンゴル語で会話してみてください．

　単語と文法事項は，ごく基本的なものに限られていますが，モンゴル語の輪郭はつかめるようになっています．

　なお，この本を作るにあたっては，ほんとうに多くの方々のお世話になりました．心から感謝の念を表したいと思います．

　では，読者のみなさんのモンゴル語の勉強が楽しく実り多いものになることを祈っています．

著者

もくじ

■**本書の使い方**

■**覚えるフレーズ** ·· 1

> ありがとう・ごめんなさい・どういたしまして・こんにちは・こんにちは〔2人以上の相手に〕・さようなら・さあ…／はい！・はい／いいえ・違います・よろしいですか・わかりません・どうしたらいいですか・～は，ありますか・これをください・これを，いただけませんか・いくらですか・もう，けっこうです・～は，どこにありますか・誰ですか／何ですか・1，2，3，4…

■**モンゴル国** ··· 12

■**モンゴル語とは** ·· 14

■**ダイアローグで学んでみよう** ······························ 17

　яриа　1　こちら，～さんです. ································· 18
　　　　　　　モンゴル人の名前と，「～さん」の言い方

　яриа　2　わたしは日本から来ました. ····················· 22
　　　　　　　「わたしは～から来ました」の言い方を練習しよう

　яриа　3　お茶をお飲みになりますか. ····················· 26
　　　　　　　「わたしは」「わたしの」…

　яриа　4　映画を見ますか. ···································· 30
　　　　　　　「きょう」「今晩」「あした」…

　яриа　5　何時に会いましょうか. ···························· 34
　　　　　　　時刻の言い方を練習しよう

　яриа　6　長く待ちましたか. ································· 38
　　　　　　　「映画」「テレビ」「コンサート」…

　яриа　7　大丈夫ですか. ······································ 42
　　　　　　　身体の調子についての表現を覚えましょう

| яриа 8 | この近くに郵便局はありますか. | 46 |
| | 「もしもし，ちょっと…」や「ちょっとすみません」の言い方 | |

| яриа 9 | バスで行きましょう. | 50 |
| | 「～で行きましょう」の練習 | |

| яриа 10 | 靴がほしいんですが. | 54 |
| | 「～したいんですが」と「～していいですか」 | |

| яриа 11 | どんな料理が好きですか. | 58 |
| | 「羊の肉」「パン」「ミルクティー」… | |

| яриа 12 | 日本語がわかりますか. | 62 |
| | 「話す」「言う」を表す動詞 | |

| яриа 13 | もしもし | 66 |
| | 慣用的なあいさつ表現「ソニン ヨー バエン?」 | |

| яриа 14 | おめでとうございます！ | 70 |
| | 「あげる」「もらう」の言い方 | |

| яриа 15 | きみ，何歳？ | 74 |
| | 「～している」にあたる形 | |

| яриа 16 | 民族音楽に興味がありますか. | 78 |
| | 「～に興味がありますか」や「趣味は何ですか」の練習 | |

| яриа 17 | おやすみなさい. | 82 |
| | 「うれしい」「気にいる」「楽しい」などの表現 | |

| яриа 18 | ふるさとに帰りますか. | 86 |
| | モンゴルの夏のあいさつ | |

| яриа 19 | 馬に乗ったことがありますか. | 90 |
| | 「馬」を用いた慣用句 | |

| яриа 20 | お元気で！ | 94 |
| | 「～曜日」の言い方を覚えよう | |

「東西南北」と「前後左右」を表す語彙 ………………………………… 98

■ 文法編 ··· 99
　文字と発音 ··· 100
　　■ 母音字・長母音・半母音＋母音を表す文字
　　■ 子音の発音で注意するもの・つづりと発音のずれ
　単語の形 ··· 108
　　■ 母音調和の法則・4つの母音交替形をもつ語尾
　　■ 語末に「隠れた н［エヌ］」をもつ単語・数詞
　　■ 《テニヲハ》の語尾・指示詞・人称詞
　　■ 《〜有り》を表す語尾-тай³［タェ］《〜無し》を表す語尾-гүй［グイ］
　　■ 動詞の語尾・《主語に関係付ける》語尾-aa⁴［アー］
　基本的構文 ··· 128
■ ヴィジュアル モンゴル語 ································· 131
■ INDEX ·· 141

音声ダウンロード・ストリーミング
①PC・スマートフォンで本書の音声ページにアクセスします。
　https://www.sanshusha.co.jp/np/onsei/isbn/9784384061048/
②シリアルコード「06104」を入力。
③音声ダウンロード・ストリーミングをご利用いただけます。

本書の使い方

　この本は，5つの柱から成っています．
「覚えるフレーズ」「ダイアローグで学んでみよう」「文法編」「ヴィジュアル
モンゴル語」それに「INDEX」です．

覚えるフレーズ

　モンゴル語を学ぶ第一歩として，細かい文法は気にせずに，20の項目
に収められた言い回しを覚えてください．これを知っていればモンゴル
の現地でも最低限のコミュニケーションはできるはずです．

ダイアローグで学んでみよう

　第1課から第20課までに設定した場面は，日本人のナカダ（中田）さん
のモンゴル滞在日記といえるものです．ナカダさんは，日本の会社のモ
ンゴル支社に派遣されてきた30代の男性です．職場の同僚のオヨンさん
（女性，20代）が主な相手となって，いろいろな場面で楽しい会話が行わ
れます．

　全部で20のダイアローグを利用して，モンゴル語の基本的な会話表現
を習得してください．各課は，ダイアローグ／語彙や表現の説明／関連
表現／その課のポイントの4ページ構成になっています．

　なお，オヨンさんという人名に使われている語 “оюун” は「知性」と
いう意味の単語です．

文法編

　「ダイアローグで学ぼう」に取り組んでいるときに，文字の読み方やモ
ンゴル語の文法のしくみについて，まとまった説明を参照したくなるか
もしれません．そのときは，このコーナーを開いてください．

ヴィジュアル モンゴル語

日常の話しことばでよく使われる単語を，意味分野別にしてイラストとともに示してあります．単語をまとめて覚えようというときに，このページを活用してください．

INDEX

本書に出てくる単語＋αが収めてあります．日本語からモンゴル語が引けるようになっていますので，単語の知識を確認するのに使ってください．

＊カタカナによる単語アクセント（抑揚）の表示について
（p 14「モンゴル語とは」も参照のこと）

単語の中で，下降調［↘］になる直前の部分にあたるカタカナを太字で示してあります．

xагас　半分　　　　　амралт　休暇
ハ**ガ**ス　　　　　　　ア**ム**ラルト

・一音節の単語の場合は，　тэр（あれ）のようになります．
　　　　　　　　　　　　テル

"энэ（これ）"も，末尾の母音字は読まないのが原則なので，一音節単語扱いになり，　　энэです．
　　　　　　エネ

・長母音や二重母音が単語の最終音節にある場合は，その途中で下降［↘］します．

　　　xаан　皇帝　　　　　сүү　ミルク
　　（ハ）**ー**ン　　　　　　（ウ）**ー**

覚えるフレーズ

((ⁱ⁰

ありがとう

Баярлалаа.
バイラルラー

感謝の意を相手に伝えることばです．発音がちょっと難しいかもしれ
ません．

((ⁱ⁰

ごめんなさい

Уучлаарай.
オーチラーレー

相手におわびの気持ちを伝えるときのことばです．

日本語訳は「すみません」にもなります．ただし，日本語では「あり
がとう」のつもりで「すみません」と言うことがありますが，モンゴル
語の уучлаарай は баярлалаа [バイラルラー] の代わりにはなりません．

なお，道などで知らない人に Уучлаарай.（すみません）と話しかける
こともできます．

2 хоёр
ホヨル

(((**どういたしまして**

Зүгээр зүгээр.
ズゲール　ズゲール

発音は簡単です.

「ありがとう」に対する「どういたしまして」でもあり,また,「ごめんなさい」に対する「いや,かまいません」の意味にもなります.

Зүгээр. [ズゲール] と一回だけ言ってもよいのですが,Зүгээр зүгээр. と二回くり返す方がソフトな感じになります.もっともイントネーションが大切ですが.

(((**こんにちは**

Сайн байна уу?
サェン　バェノー

朝,昼,晩のいつでも使えるあいさつ表現です.

文字通りには「元気ですか?」という問いかけのことばです.

もし相手が Сайн байна уу? と先に声をかけてきたら,すぐに Сайн байна уу? と言わずに,まず Сайн. [サェン] (元気です) と答えるのがコツです.それから,Сайн байна уу?(元気ですか?) と相手に問い返すようにしてください.

гурав
ゴロウ

3

こんにちは〔2人以上の相手に〕

Сайн байцгаана уу?
サェンバェツガーノー

相手が一人の場合の「こんにちは」と，二人以上いる場合の「こんにちは」ではちょっと違う言い方になります．

さようなら

Баяртай.
バヤルタェ

別れるときのあいさつです．
毎日のように顔を合わせている相手に対しては，さりげなく За〔ザー〕(じゃあ…)とだけ言って別れることもあります．

((((•   さあ…／はい！

3a.
ザー

　とてもよく使われる間投詞です.

　これから何かを始めるときの「さあ〜しよう」や，人に何かを勧める
ときの「さあ〜して下さい」などの「さあ」にあたります. また，「〜
さん！」と誰かに呼ばれたときの返事の「はい！」や，「〜しますか」
と聞かれて「はい，〜しましょう」と答えるときの「はい」にもあたり
ます.

((((•   はい／いいえ

Тийм.／Үгүй.
｛ティーム　　ウグイ
｛テー

　тийм は基本的には「そうです」という意味です. 発音は日常会話で
は [テー] の方になるのがふつうです. 強調的な表現では Тиймээ. [ティ
ーメー] となります. [テー] のときも [ティーメー] のときも, 尻下がりの
調子で言います.

　もし, 尻上がり調でいうと, 「そうですよね」と相手に同意を求める
言い方になります.

тав
タウ

違います

Биш ээ.
ビ シ ェ ー

　例えば，「これは，〜ですか？」と聞かれたときに，Үгүй.〔ウグイ〕
（いいえ）と答えずに，「違います」と答えたいときは，このように言い
ます．短かく，Биш.〔ビシ〕と言ってもよいのですが，Биш ээ.の方が少
しソフトになります．

よろしいですか

Болох уу?
ボ ル ホ ー

　許可を求めるときの言い方です．
「よろしいです／いいです」という答えは，Болно.〔ボルン〕となり，
「だめです」は，Болохгүй.〔ボルホグイ〕となります．
　このうち，Болно.〔ボルン〕は，たとえば，料理をたくさん勧められ
て，「もう，いいです」と断わるときにも使えます．

わかりません

Мэдэхгүй.
メドゥホグイ

日本語訳は「知りません」にもなります.「わたし, わかりません」あるいは「わたし, 知りません」は, Би мэдэхгүй.［ビー　メドゥホグイ］と言います.

どうしたらいいですか

Яавал дээр вэ?
ヤーワルデールウェー

どうしてよいかわからず迷ってしまったときには, 誰かにこのようにたずねてみましょう.

Яах вэ?［ヤーホ　ウェー］(どうしましょうか) という短い言い方もあります.

ДОЛОО
ドロー

((((‹

〜は，ありますか

〜байна уу?
バェノー

［バェノー〜］と，ふつう尻下がりで言います．「こんにちは」にあたる
Сайн байна уу? の後半の部分と同じ形をしていますね．

((((‹

これをください

Үүнийг авъя.
ウーニーグ ｛ アウヤー
アウィー

店で買い物をするときによく使います．

Талх авъя. (パンをください)
タルハ アウィー

авъя は「(〜を)もらおう！」や「(〜を)買おう！」という意味で，
自分の気持ちをストレートに表す言い方です．

これを, いただけませんか
Үүнийг өгнө үү?
ウーニーグ　ウグヌー

авъя を使った表現よりも, かなり丁寧な感じになります.

いくらですか
Ямар үнэтэй вэ?
ヤマル　ウンテー　ウェー

　品物の値段をたずねるときの言い方です. 文字通りには「どんな (ямар) 値段 (үнэ) をもつ (-тэй) か (вэ?)」です.
　会話の中で, ちょっと短かめに言いたいときは, Ямар үнэтэй? [ヤマル ウンテー] でもかまいません.

((( ))) **もう，けっこうです**

Одоо зүгээр.
オ ド ー ズ ゲ ー ル

お酒を何杯も勧められたときなどに言う断りの文句です．

зүгээр には，「どういたしまして」や「かまいません」などの使い方もありましたね．

((( ))) **〜は，どこにありますか**

〜хаана байна?
ハ ー ナ バ ェ ン

　場所をたずねるときの言い方です．例えば，「トイレは，どこにありますか」は，

　　Бие засах газар хаана байна?
　　ビイ　ザサホ　ガザル　ハ ー ナ　バェン

と言います．「トイレ」にあたる語句が少し長いですね．

10 арав
アラウ

誰ですか／何ですか
Хэн бэ？／Юу вэ？
ヘン　ベー　　ヨー　ウェー

　よく使う疑問詞を覚えておきましょう。「誰」が хэн［ヘン］で，「何」が юу［ヨー］です．そのほか，「いつ」は хэзээ［ヘゼー］，「どこに，どこで」は， хаа［ハー］または хаана［ハーナ］です．

　上に示した ～бэ［ベー］や ～вэ［ウェー］は，日本語の「～か？」にあたるものです．

1, 2, 3, 4...
нэг, хоёр, гурав, дөрөв,...
ネグ，ホヨル，ゴロウ，ドゥルウ

数字の読み方に少しずつ慣れていきましょう．

арван нэг
アルワン　ネグ

11

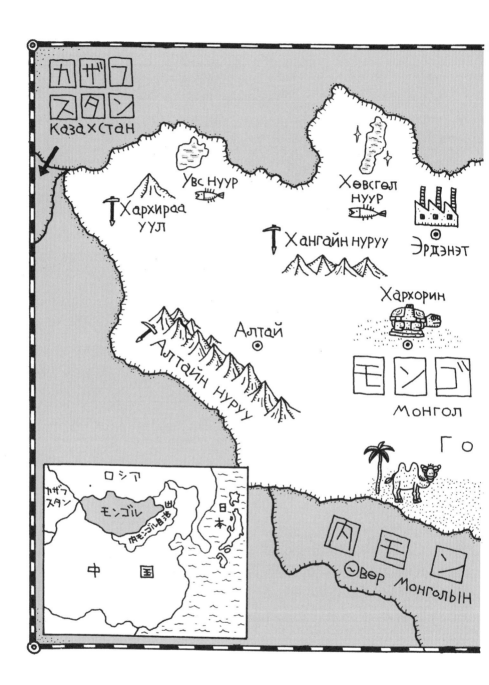

арван хоёр

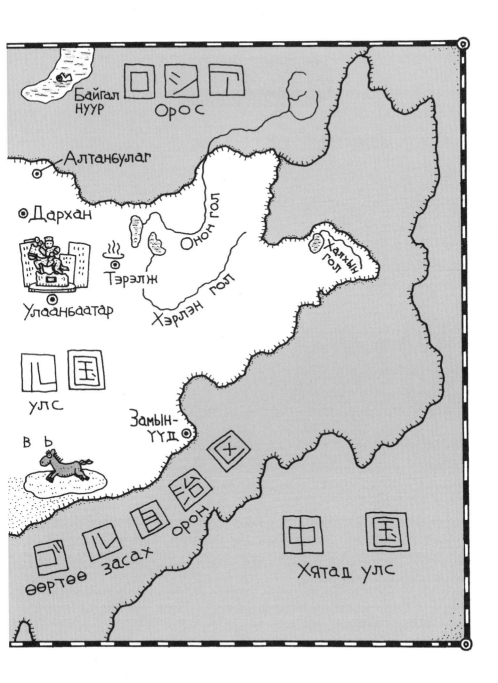

モンゴル語とは

モンゴル語の諸方言が話されている地域

　モンゴル国と，中国の内モンゴル自治区が主要な地域です．ロシア領内の
バイカル湖のそばにあるブリヤート共和国とカスピ海西北沿岸近くのカルム
イク共和国も，モンゴル民族の居住地域で，モンゴル系の言語が話されてい
ます．また，中国の新疆ウイグル自治区・青海省・甘粛省などにも，モンゴ
ル語の方言を話す人たちがいます．本書で学ぶのは，モンゴル国中央部のハ
ルハ地方で話される「モンゴル語ハルハ方言」です．ハルハ方言は，発音や
文法の面で，モンゴル語諸方言の共通語としての性格をもっています．

文字

　モンゴル民族の"文字事情"は少し複雑です．伝統的なモンゴル文字を使
用している地域と，ロシア文字を使用している地域とがあります．

　モンゴル文字は上から下へ縦書きにする独特な文字で，チンギス・ハーン
の時代に使い始められたものです．現在も中国の内モンゴルで使われていま
す．本書では，この文字を扱うスペースがありませんが，ヴィジュアルコー
ナーの各見出しにモンゴル文字による表記を添えておきましたのでご覧くだ
さい．

　モンゴル国では，旧ソ連の友好国だった時代の 1940 年代に公用文字がモン
ゴル文字からロシア文字に切り替えられ，現在に至っています．ロシア語の
アルファベットに母音字を新しく 2 つ加えたものが，モンゴル語のアルファ
ベットです．本書ではこれを学びます．個々の文字は，次のようにして覚え
るとよいでしょう．（大文字と小文字を並べて示します．アルファベット順の
表は p 100 にあります）

1）ローマ字と，形と読み方がほぼ同じもの
　　　母音字：Aa[ア]，Oo[オ]＝[ɔ]
　　　子音字：Мм[ム]，Тт[ト]，Кк[ク]

14　арван дөрөв
アルワン　ドゥルゥ

（М，Т，К は小文字の形がローマ字と少し異なります）

2）ローマ字には同じ形をしたものがないもの
　　　　母音字：Ээ[エ]，Өө[ウ]と[オ]の中間，Ии[イ]，
　　　　母音字に添える文字й：ай[アェ]，эй[エー]，ий[イー]など
　　　　子音字：Бб[ブ]，Гг[グ]，Дд[ド]，Жж[ジ]，Зз[ズ]，Лл[ル]≒[l]，
　　　　　　　　Пп[プ]，Фф[フ]，Цц[ツ]，Шш[シ]，Чч[チ]
　　　　ヤ行子音＋母音の文字：Яя[ヤ]，Ёё[イョ]，Юю[ユ／ヨ]

3）ローマ字にも同じ形をしたものがあるが，読み方が異なるもの
　　　　母音字：Уу[オ]＝[o]，Үү[ウ]＝[u]
　　　　子音字：Вв[ウ]＝[w]，Нн[ン／ヌ]，Рр[ル]＝[r]，Сс[ス]，Хх[ハ，ヘ，
　　　　　　　ホ]などに息が強く擦れる音を加えたもの
　　　　ヤ行子音＋母音の文字：Ее[イェ／イュ]
　　　　子音字に添える記号：ь(子音の発音と同時に[イ]の構えをする記号．
　　　　　　　　　　　　　　　「弱いイ」と考えてかまいません)

4）特別な記号：ъ(読まないのが原則の記号)

発音

　単語のつづりは，実際の発音に近いように作られています．従って，子音と母音を組み合わせて読めば大体はよいのですが，発音とくいちがうつづりもあります．さしあたって次の4点に留意してください．

1）語末の-на[ナ]-нэ[ネ]-но[ノ]-нө[ヌ]は原則として，母音字を読まないので，全て[ン]＝[n]になります．（語中でもこの原則に従うことが多くあります）

2）語末の-я[ヤ]，-ё[イョ]，-е[イェ]は，末尾の母音を言わないのが原則なので，すべてヤ行子音のみの発音になり，[イ]に聞こえます．（語中でも後ろに子音が来るとこの原則に従うことがあります）

3）単語の第1音節の短母音は明瞭に発音されますが，第2音節以降の短母音は曖昧に発音されるのが原則です．

арван тав
アルワン タウ

4）単語のつづりの中の，子音字と母音字を前後逆転させて読むこともあります．（「ありがとう」の Баярлалаа.は Баяраллаа.を読んだものに近い発音になります→p2）

単語のアクセント（抑揚）

日本語には「はし（箸）」と「はし（橋）」のように，高低アクセントの違いで単語の意味が異なる例がありますが，モンゴル語にはこのような現象はありません．しかしモンゴル語らしい抑揚で発音するためには，特別な場合を除いて，次の原則に従う必要があります．

〈単語の中ほどで上昇して，単語の最後の母音のうしろで下降する〉

日本語の高低アクセントを練習するつもりで，練習するとよいでしょう．具体的には，本書の使い方のページを見てください．

文法

語順は日本語とほぼ同じです．日本語の文を作る感覚で単語を並べて言えば，モンゴル語の文ができます．また，単語の構造も日本語とよく似ています．テニヲハにあたる語尾や，動詞の「（来）る」「（来）た」「（来）て」などの語尾があって，日本語と同様，語幹の後ろにつなげます．ただ，同じ「〜カラ」にあたる語尾でも「どこから хаанаас」の「から」は-aac［アース］で，「誰から хэнээс」の「から」は-ээс［エース］になる，というような母音調和とよばれる現象があります．これに慣れてしまえば，モンゴル語の文法は比較的，楽に学んでいけるはずです．

なお，日本語には「です・ます」体と「である」体の区別がありますが，モンゴル語にはこのような区別はありません．

арван зургаа
アルワン ゾルガー

ダイアローグで
学んでみよう

арван долоо
アルワン ドロー

яриа 1

こちら，～さんです．

Энэ ～ ．

オヨンさんが同僚のドルジさんに中田さんを紹介します．

Оюун　　Энэ Накада．
　　　　エネ　　ナカダ

Дорж　　Сайн байна уу, танилцъя!
　　　　サェン　バェノー　　タニルツィー

　　　　Миний нэр Дорж．
　　　　ミニー　ネル　ドルジ

Накада　Сайн, сайн байна уу? Накада．
　　　　サェン　サェン　バェノー　　ナカダ

オヨン　こちら，ナカダさんです．
ドルジ　こんにちは．はじめまして．
　　　　わたしの名前はドルジです．
中田　　こんにちは．中田です．

18　арван найм
　　アルワン　ナェム

> **Энэ ～.** ● こちらは，～さんです．
> エネ

энэ は，「これは」にあたります．「～さん」にあたる語は，ふつうの場合，不要です．また，日本語の「～です」に相当する語がなくても完全な文になります．ていねいな発音では［エン（ネ）］くらいに聞こえます．

> **Сайн байна уу?** ● こんにちは！
> サェン　　バェノー

文字通りには「元気ですか」あるいは「元気でいますか」という問いかけ表現です．(сайн［サェン］「元気(で)」，байна［バェン］「です／います」，уу?［オー］「か」）уу? は前の単語にくっつけて発音するので［～ノー］です．

> **Танилцъя!** ● はじめまして！
> タニルツィー

「知り合いになろう」が字義どおりの訳．動詞 танилц-［タニルツ］(知り合う) に-(ъ)я［イー］(～しよう) が付いたもの．1 対 1 の対面の場での表現．

> **Миний нэр ～.** ● わたしの名前は，～ です．
> ミニー　ネル

миний は「わたしの」にあたります．нэр が「名前」．"Дорж［ドルジ］" は，男性によくある名前．この自己紹介は簡略的な表現です（p.125 参照）．

> **Сайн, сайн байна уу?** ● こんにちは〈答える人〉
> サェン　サェン　　バェノー

　モンゴル語で「こんにちは」を言うときのコツをお忘れなく．相手が［サェンバェノー］と言ったら，まず сайн［サェン］(元気です) と答えておいてから，сайн байна уу?［サェン バェノー］(元気ですか) と聞き返します．

((((いろいろな表現

A: Таны нэр хэн бэ?
　　タニー　ネル　ヘン　ベー

お名前は？（アナタの名前は何ですか）

B: Миний нэр Накада.
　　ミニー　ネル　ナカダ

わたしの名前は，中田です．

таны は「アナタの」．хэн は「誰」にあたる疑問詞．бэ は「～か？」．「名前は何か？」をモンゴル語では「名前はダレか？」と言うのです．

これも，前ページの「自己紹介」と同様に簡略表現です．一般に広く使われるのは，Таныг хэн гэдэг вэ?（アナタをダレと言いますか＝「お名前は何とおっしゃいますか？」）という表現です．答え方は p.125 参照．

A: Сайн байна уу?
　　サェン　　バェノー

こんにちは．（元気ですか）

B: Сайн, сайн байна уу?
　　サェン　サェン　バェノー

こんにちは．（元気です，元気ですか）

A: Сайн.
　　サェン

（元気です）

「こんにちは」のやりとりは，ここに示した形が基本です．

A: 　Сайн байцгаана уу?
　　　サェン　バェツガーノー

こんにちは．（〈みなさん〉元気ですか）

B, C, …: Сайн.
　　　　　サェン

こんにちは．（元気です）

　2人以上の相手に向かって言う「こんにちは」は少し形が変わります．Сайн байцгаана уу? の -цгаа-［ツガー］が〈複数の人の動作〉を表す語尾です．

20 хорь
　　ホ リ

(((ポイント   ❖モンゴル人の名前と,「～さん」の言い方❖

ダイアローグで,ドルジさんは「ドルジです」と自己紹介しましたが,これは,〈姓〉ではなく〈名〉です.現代のモンゴル人には〈姓〉がないので,常にその人自身の〈名〉で呼ぶことになるわけです.

「～さん」の言い方

1)" ～ "〔名前の後ろに何も付けない形〕

　　同年輩の人や年下の人などの場合,名前の後ろに何も付けないのがふつうですが,日本語の〈呼びすて〉にあたるわけではありません.

　　　Энэ Оюун.　こちらは,オヨンさんです.
　　　エネ　オヨン

2)" ～ гуай [ゴワェ]"

　　かなり年配の人か社会的に高い地位にある人など,特に敬意を表す必要のある人の名前には,"гуай"を付けます.

　　　Тэр Дорж гуай.　あれは,ドルジさんです.
　　　テル　ドルジ　ゴワェ

「～か?」にあたる уу? [オー] үү? [ウー] вэ? [ウェー] бэ [ベー] の使い分け

疑問詞なし	(1)	母音 a,o,y をもつ単語＋уу? オー	байна уу? バェノー	ありますか／いますか
	(2)	母音 э,θ,ү をもつ単語 и や ий のみをもつ単語　＋үү? ウー	энэ үү? エヌー	これですか
			тийм үү? ティームー	そうですか
	(3)	長母音か二重母音で終わる単語＋юу? ヨー	(→4課)	
疑問詞あり	(1)	н,м,(л),в で終わる単語＋бэ? ベー	хэн бэ? ヘンベー	誰ですか
	(2)	(1)以外の単語＋вэ? ウェー	юу вэ? ヨー ウェー	何ですか

＊下段の（л）：旧つづり規則による場合はл終わりの単語にもбэ? が付く.
小説類のせりふ部分に例あり.

ХОРИН НЭГ
ホリン ネグ

яриа 2

わたしは日本から来ました.

Би Японоос ирсэн.

中田さんとドルジさんの会話が続きます.

Дорж　Хаанаас ирсэн бэ?
　　　ハーナース　イルスン　ベー

Накада　Би Японоос ирсэн.
　　　　ビー　ヤポーノース　イルスン

Дорж　Хэзээ ирсэн?
　　　ヘゼー　イルスン

Накада　Сая ирсэн.
　　　　サイ　イルスン

Дорж　Аа, тийм үү? ...
　　　アー　ティームー
　　　За, сайхан танилцлаа.
　　　ザー　サェハン　タニルツラー

　ドルジ　どちらからいらっしゃいましたか.
　中田　　わたしは日本から来ました.
　ドルジ　いつ, いらっしゃいましたか.
　中田　　来たばかりです.
　ドルジ　ああ, そうですか.
　　　　　まあ, どうぞよろしく.

хорин хоёр
ホリン　ホヨル

Хаанаас ирсэн бэ? ● どこから来ましたか.
ハーナース　イルスン　ベー

xaaнаас は,「どこから」. ирсэн が「来た」の意.「来(る)」という意味の動詞 ир- [イル] に「～した」にあたる語尾-сэн [スン] が付いた形. бэ は「～か?」.

Японоос ● 日本から
ヤポノース

「日本」は Япон [ヤポン] と言います. これに「～から」を表す語尾-oc [オース] がついたのが Японоос です. Би [ビー] は「わたし」や「ぼく」にあたります. хэзээ [ヘゼー] は「いつ」. 疑問詞がある場合,「～か?」にあたる бэ [ベー] は省略できます. Сая [サイ] は「ごく最近に」を表す副詞.

Тийм үү? ● そうですか.
ティームー

тийм [ティーム] (そうだ) という語に「～か?」にあたる үү [ウー] をそえたもの.

Сайхан танилцлаа. ● これからもよろしく.
サェハン　　タニルツラー

文字通りには「すばらしく сайхан, 知り合った танилцлаа」です. 初対面の人としばらく歓談したあと, ひとまず別れるときの決まり文句です.「(すばらしい知り合いになれたので) これからもよろしく」という気持ち. 末尾の-лаа [ラー] も「～(し)た」にあたります.

хорин гурав
ホリン　ゴロウ

(((・いろいろな表現

A: Хаанаас ирсэн бэ?
ハーナース イル**ス**ン ベー

どちらからいらっしゃいましたか.

B: Токиогоос ирсэн.
トーキョーゴース イル**ス**ン

東京から来ました.

Токиогоос は Токио「東京」に「〜から」にあたる-оос［オース］が付いたもの. -г-は, つなぎの子音です.

A: Монголд хэзээ ирсэн?
モンゴルド ヘゼー イル**ス**ン

モンゴルに、いついらっしゃいました?

B: Өчигдөр ирлээ.
ウチグ**ド**ゥル イル**レ**ー

きのう来ました.

Монголд は Монгол(モンゴル)に,「〜に」あたる-д が付いたもの. өчигдөр は「きのう」. ирлээ の-лээ［レー］も「〜した」にあたります. ирсэн と ирлээ は, この場合ほぼ同じ意味です.

За, дараа уулзъя.
ザー ダラー オールズ**ィ**ー

じゃあ、またお会いしましょう.

дараа は「次に, 今度」にあたる副詞. уулзъя は уулз-［オールズ］(会う)＋-(ъ)я［イー］(〜しよう)で,「会おう」の意. 初対面の後いったん別れるとき, このように言うこともよくあります.

(((・ポイント　❖「わたしは〜から来ました」の言い方を練習しよう❖

「日本から」は "Японоос〔ヤポノース〕" でした．この場合は，「〜から」＝ -оос〔オース〕ですが，モンゴル語では「〜」の部分に入る語によって，-оос〔オース〕が，-аас〔アース〕や -өөс〔ウース〕などになることもあります．

Би　　Монголоос　ирсэн.
ビー　　モンゴ**ロ**ース　　イル**ス**ン
わたしは　モンゴルから　来ました．

Би　　Осакагаас　ирсэн.
ビー　　オーサカ**ガ**ース　　イル**ス**ン
わたしは　　大阪から　　来ました．

Би　　Улаанбаатараас　ирсэн.
ビー　　オラーンバー**タ**ラース　　イル**ス**ン
わたしは　ウランバートルから　来ました．

　*Осакагаас の -г-〔グ〕は、つなぎの子音.
　*Осака は Оосака とも書きます.

上の構文の日本語訳は，「わたしは〜出身です」になることもあります．

Хаанаас ирсэн бэ?　　　どちらの出身ですか.
ハー**ナ**ース イル**ス**ン ベー

Би Хөвсгөлөөс ирсэн.　わたしはホブスゴルの出身です.
ビー ホブスゴ**ロ**ース イル**ス**ン

хорин тав
ホリン タウ

яриа 3

お茶をお飲みになりますか．

Цай уух уу?

仕事の途中で，ちょっと一息入れます．

Оюун　Накада, та цай уух уу?
　　　　ナカダ　ター　ツァェ　オーホー

Накада　За,ууя!
　　　　ザー　オーイ
　　　　Элсэн чихэр байна уу?
　　　　エルスン　チヘル　バェノー

Оюун　Байна. ...
　　　　バェン

Накада　Их сайхан цай байна.
　　　　イヘ　サェハン　ツァェ　バェン

　　オヨン　　ナカダさん，お茶を飲みますか．
　　中田　　　はい，飲みましょう．
　　　　　　砂糖はありますか．
　　オヨン　　あります．・・・
　　中田　　　とってもおいしいお茶ですね．

26　хорин зургаа
　　ホリン　ゾルガー

Ta ● あなた
ター

目上の人に対して用います. あらたまった場面や初対面のときには, 相手
が年下でも ta と言うことがあります. 日本語の「あなた」はふつう目上
の人には使わないので, ダイアローグの訳などでは工夫がしてあります.

Цай уух уу? ● お茶を飲みますか.
ツァェ　オーホー

цай [ツァェ] は「お茶」. уух уу [オーホー] の最初の уу- [オー] の部分が「飲
む」という意味の動詞語幹です. その後ろの-x [ホ] が語尾で「～する」
を表します. уу-「飲」+-x「む」と考えておいてください. (→ p 109)

За, ууя! ● はい, 飲みましょう.
ザー オーイ

за は,「はい」や「さあ」にあたります. ууя は, 動詞の уу- [オー] (飲
む)に「～しよう」を表す-я [イ] が付いたもの. [オーヤー] の発音も可.

～байна уу? ● ～は, ありますか.
バェノー

байна [バェン] が「ある」. уу? [オー] が「か?」にあたります. байна уу?
全体の発音は [バェノー]. элсэн чихэр [エルスン　チヘル] は「砂糖」です.

Байна. ● あります.
バェン

Байна уу? [バェノー] と聞かれたら, Байна. [バェン] と答えればよいのです.

Сайхан цай байна. ● おいしいお茶ですね.
サェハン　ツァェ　バェン

сайхан цай [サェハン　ツァェ] は「おいしいお茶」. байна [バェン] は「ある」
の他に, 文脈によっては「～です」あるいは「～ですね!」や「～だ!」
にあたることもあります. их [イヘ] が「とても」にあたります.

хорин долоо
ホリンドロー

27

(((•いろいろな表現

A: Та юу уух вэ?
   ター ヨー オーホ ウェー

何をお飲みになりますか.

B: Би кофе ууя.
   ビー コーフェ オーイ

わたしはコーヒーを飲みましょう.

юу は「何」. уух は「飲む」, уу-が語幹の「飲-」にあたり, -х は,「-む」にあたると考えてください. 疑問詞があるときの「～か？」には вэ? を用います.

A: За, цай уух уу?
   ザー ツァェ オーホー

さあ, お茶を飲みましょうか.

B: Одоо би уухгүй.
   オドー ビー オーホグイ

いま, ぼくは飲みません.

уух уу? は, уух(飲む)＋уу?(～か？)(疑問詞のない場合の,「～か？」は уу?［オー］です). одоо は「いま」, уухгүй は, уух(飲む)＋-гүй［グイ］(～ない)で「飲まない」にあたります.

A: Дорж байна уу?
   ドルジ バェノー

ドルジさん, いますか.

B: Байна./Байхгүй.
   バェン バェホグイ

います./いません.

байна は,「ある」「いる」の両方を表します.「ない／いない」は <u>байхгүй</u>. байна の-на を-х に代えておいてから, -гүй［グイ］を付けるのです.

хорин найм
ホリン ナェム

(((ωポイント ❖「わたしは」「わたしの」…❖

日本語には「わたし」「ぼく」「おれ」…などと，自分のことを言うのにも，いろいろな言い方がありますが，モンゴル語では，これらをすべて，"би［ビー］"で表します．一方，「あなた」にあたるモンゴル語は，この課までに，та［ター］が出てきましたが，他にも чи［チー］というのがあります．「わたしの」にあたる形も，すでに1課のダイアローグと関連表現に登場していますので，ここでちょっと整理しておきましょう．

	「〜は」「〜が」 にあたる形	「〜の」にあたる形
「わたし」	би ［ビー］ わたしは／わたしが	миний ［ミニー］ わたしの
「あなた」	та ［ター］ アナタは／アナタが	таны ［タニー］ アナタの
	чи ［チー］ きみは／きみが	чиний ［チニー］ きみの

та と чи の使い分けの原則

та　目上の人に対して用いる．

чи　親しい友人に対して，または，大人が子供に対して用いる．

*相手が年下でも，初対面のときやあらたまった場面では та を用いることがあります．

*場合によっては，та も чи も使いづらいことがあります．そのときどうすればよいかについては，12課と19課を見てください．

Чиний нэр хэн бэ?
チニー　ネル　ヘン　ベー
きみの　名前は　何　ですか．

хорин ес
ホリン イュス

29

яриа 4

映画を見ますか.

Кино үзэх үү?

オヨンさんが中田さんを映画にさそいます.

Оюун　Маргааш завтай юу?
　　　マルガーシ　ザウタェ　ヨー

Накада　Тийм ээ, завтай.
　　　　ティーメー　ザウタェ

Оюун　Тэгвэл, кино үзэх үү?
　　　テグウェル　キノー　ウズホー

Накада　Ямар кино вэ?
　　　　ヤマル　キノー　ウェー

Оюун　"Чингис хаан" гэдэг кино.
　　　チンギス　ハーン　ゲデク　キノー

Накада　За, үзье!
　　　　ザー　ウズィー

　オヨン　あした, おひまですか.
　中田　はい, ひまです.
　オヨン　それじゃあ, 映画を見ますか.
　中田　どんな映画ですか.
　オヨン　「チンギス・ハーン」という映画です.
　中田　はい, 見ましょう.

гуч
ゴチ

Завтай юу? ● おひまですか？
ザウタェ ヨー

завтай が「暇だ」という意味．юу? が「〜か？」にあたります．「何」を
意味する юу〔ヨー〕と同音異義です．「あした」は маргааш〔マルガーシ〕．

Тийм ээ. ● はい。
ティーメー

日常の会話では〔テー〕と発音されることも多くあります．тийм〔ティーム〕
の本来の意味は「そうだ」です．ээ〔エー〕は強調の助詞です．

тэгвэл ● それなら
テグウェル

「それならば」や「それでは」にあたります．

Үзэх үү? ● 見ますか？
ウズホー

үз-〔ウズ〕が「見る」の「見」，-(э)х〔ヘ〕が「見る」の「る」にあたりま
す．これに「〜か？」にあたる үү?〔ウー〕がそえられたもの．「見ますか」
や「見ましょうか」を意味します．кино〔キノー〕は「映画」．

ямар 〜 вэ? ● どんな 〜 ですか？
ヤマル ウェー

ямар は「どんな」にあたる疑問詞．вэ? は「〜か？」．Чингис хаан は
〔チンギス ハーン〕．「ハーン」とは「皇帝」です．"〜гэдэг〔ゲデク〕…"は「
〜という…」を表します．

Үзье! ● 見ましょう！
ウズィー

「見る」という意味の動詞語幹 үз-〔ウズ〕に「〜(し)よう」にあたる語尾-
ье〔イー〕が付いたもの．この語尾は第3課の ууя〔オーイ〕(飲もう)の-я
〔イ〕と同じはたらきをします．

гучин нэг
ゴチン ネグ

((((いろいろな表現

A: Одоо завтай юу?　　　　　いま，ひまですか.
　　オドー　ザウタェ　ヨー
B: Үгүй, би завгүй байна.　　いいえ，わたし，忙しいです.
　　ウグィ　ビー　ザウグイ　バェン

одоо が「いま」です. юу? は「～か?」.「何」の юу〔ヨー〕と同音異義です. завгүй は, зав〔ザウ〕(ひま)＋-гүй〔グイ〕(～なし)で,「ひまがない, 忙しい」の意. байна は「～です」にあたります.

A:　Өнөөдөр кино үзэхгүй юу?　　きょう，映画を見ませんか.
　　ウヌードゥル　キノー　ウズホグイ　ヨー
B: Тэр сайн байна.　　　　　それはいいですね.
　　テル　サェン　バェン

Өнөөдөр は「きょう」. үзэхгүй юу? は үзэх(見る)＋-гүй(ない)＋юу?(～か?). тэр は「それは」, сайн が「よい」.

A: Цай уухгүй юу?　　　お茶を飲みませんか?
　　ツァェ　オーホグイ　ヨー
B: Дараа уунa аa.　　　あとで飲みますよ.
　　ダラー　オーナー

дараа は「あとで」. уунa〔オーン〕は, уу-〔オー〕(飲む)＋-нa〔ン〕〈未来の動作を表す語尾〉. それに, 強調の аa〔アー〕「～よ」が付いたのが, уунa аa.

32　гучин хоёр
　　　　ゴチン　ホヨル

(((ポイント　❖「きょう」「今晩」「あした」・・・❖

相手の都合をたずねるときに必要な，時を表す語を覚えておきましょう．

маргааш　あした　　　өнөөдөр　きょう
マルガーシ　　　　　　ウヌードゥル

өглөө　朝　　　　орой　夕方，晩
ウグルー　　　　　　オロェ

үдээс　өмнө　午前　　үдээс　хойш　午後
ウデース　ウムヌ　　　ウデース　ホェシ

өнөө орой　今晩
ウヌー　オロェ

Маргааш орой завтай юу?
マルガーシ　オロェ　ザウタェ　ヨー
あした　の　晩　ひまです　か

Өнөөдөр үдээс хойш завгүй юу?
ウヌードゥル　ウデース　ホェシ　ザウグイ　ヨー
きょう　の　午後　忙しいです　か

Та　хэзээ завтай вэ?
ター　ヘゼー　ザウタェ　ウェー
あなたは　いつ　おひま　ですか

гучин гурав　**33**
ゴチン　ゴロウ

яриа 5

何時に会いましょうか.

Хэдэн цагт уулзах вэ?

あした会う場所と時刻を決めます.

Накада　Хаана уулзах вэ?
　　　　ハーナ　オールザッハ　ウェー

Оюун　Кино театрын өмнө уулзъя!
　　　　キノー　テアトリン　ウムヌ　オールズィー

Накада　Хэдэн цагт?
　　　　ヘドゥン　ツァクト

Оюун　Таван цагт... болох уу?
　　　　タワン　ツァクト　ボルホー

Накада　Болно. Амжих байхаа.
　　　　ボルノ　アムジッホ　バェハー

中田　どこで会いましょうか.
オヨン　映画館の前で会いましょう.
中田　何時に？
オヨン　5時に... よろしいですか.
中田　いいです. 間に合うと思います.

34　гучин дөрөв
　　ゴチン ドゥルウ

| Хаана уулзах вэ? ● | どこで会いましょうか. |
| ハーナ　オールザッハ　ウエー | |

хаана が「どこで」にあたります. уулзах は「会う」, вэ? が「～か?」.

| уулзъя! ● | 会いましょう. |
| オールズィー | |

уулз-［オールズ］(会う)に「～しよう」にあたる-(ъ)я［イー］が付いたもの.
発音は［オールズヤー］にもなります.「映画館」は кино театр［キノー テアトゥル］. -ын өмнө［イン ウムヌ］が「～の前で」.

| Хэдэн цагт? ● | 何時に? |
| ヘドゥン　ツァクト | |

хэдэн цаг［ヘドゥン ツァク］の部分が「何時」. これに「～に」にあたる語尾-т［トゥ］が付いたのが上の形です. цаг［ツァク］には「時刻」の他に「時計」という意味もあります.

| Болох уу? ● | よろしいですか? |
| ボルホー | |

相手に許可を求める表現です. болох［ボルホ］が「よろしい＝OK である」という意味で, それに「～か?」にあたる уу?［オー］がついたもの.
"таван［タワン］～"は「5 ～」.

| Болно. ● | いいです(OK です). |
| ボルノ | |

бол-［ボル］はここでは「可能であ(る), OK であ(る)」を意味する動詞です. -но［ン］が「～る」にあたります.

| ～ байхаа. ● | ～と思います.（～でしょう） |
| バェハー | |

文の最後の байхаа［バェハー／バハー］は,「～だろう, ～でしょう」にあたります. амжих［アムジッホ］は「間に合う」.

гучин тав
ゴチン タウ

35

((((いろいろな表現

〈時刻のたずね方と答え方(その1)〉

A: Одоо хэдэн цаг болж байна?　　今，何時ですか？
オドー ヘドゥン ツァク ボルジ バェン

B: Таван цаг болж байна.　　　　5時です.
タワン ツァク ボルジ バェン

「今／何時／になる(бол-)～ている(-ж　байна)か」が文字通りの意味です.
бол-の基本的な意味の一つに「～になる」があります.

〈時刻のたずね方と答え方(その2)〉

A: Одоо цаг хэд болж байна?　　今，何時ですか？
オドー ツァク ヘドゥ ボルジ バェン

B: Тав болж байна.　　　　　　5時です.
タウ ボルジ バェン

「今／時刻(цаг)は／いくつ(хэд)になるところか」が文字通りの意味です.
「～時」の цаг [ツァク] は省略可能です. その場合,「5」は тав [タウ].

A: Тав хагаст уулзах уу?　　　5時半に会おうか.（会いましょうか）
タウ ハガストゥ オールザッホー

B: Арай амжихгүй байхаа.　　　ちょっと間に合わないと思う.
アラェ アムジッホグイ バェハー　　　　　　　　　（～でしょう）

тав хагас(5 時半)も цаг [ツァク] を省略した言い方です. хагас [ハガス] は
「半分」の意. -т [トゥ] は「～に」.
арай [アラェ] は「ちょっと」. амжихгүй は「間に合わない」.

36 гучин зургаа
ゴチン ゾルガー

(((ポイント

❖時刻の言い方を練習しよう❖

「1時」から「12時」までは次のように言います.

1時	нэг цаг ネグ ツァク	7時	долоон цаг ドローン ツァク
2時	хоёр цаг ホヨル ツァク	8時	найман цаг ナェマン ツァク
3時	гурван цаг ゴルワン ツァク	9時	есөн цаг イスン ツァク
4時	дөрвөн цаг ドゥルウン ツァク	10時	арван цаг アルワン ツァク
5時	таван цаг タワン ツァク	11時	арван нэгэн цаг アルワン ネグン ツァク
6時	зургаан цаг ゾルガーン ツァク	12時	арван хоёр цаг アルワン ホヨル ツァク

Үдээс хойш гурван цагт уулзъя.
ウデース ホェシ ゴルワン ツァクト オールズィー
午　　後　　3　時に　会いましょう.

Хэдэн цагт эхлэх вэ?
ヘドゥン ツァクト エヒレッホ ウェー
何　　時に　始まりますか.

Зургаан цаг хагаст эхэлнэ.
ゾルガーン ツァク ハガスト エヘルン
6　　時　半に　始まります.

гучин долоо
ゴチン ドロー

37

яриа 6

長く待ちましたか．

Удаан хүлээсэн үү?

映画館の前で中田さんがオヨンさんを待っています．

Оюун　Уучлаарай, удаан хүлээсэн үү?
　　　オーチラーレー　オダーン　フレースノー

Накада　Зүгээр ээ, би бас сая ирлээ.
　　　ズゲーレー　ビー バス サイ イルレー

Оюун　Кино эхлээгүй юү?
　　　キノー　エヒレーグイ　ヨー

Накада　Арай эхлээгүй.
　　　アラェ　エヒレーグイ

Оюун　Өө, амжсан нь сайн боллоо.
　　　ウー　アムジスン　ヌ　サェン　ボルロー

オヨン　ごめんなさい．長く待ちましたか．
中田　いえいえ，ぼくもいま来たところです．
オヨン　映画は，まだ始まっていませんか．
中田　まだ始まっていません．
オヨン　ああ，間に合ってよかった．

Уучлаарай. ● ごめんなさい/すみません.
オーチラーレー

「ゆる(す)」を意味する動詞 уучил- [オーチル] に「～してください」にあたる語尾-aapaй [アーレー] が付いた形.

Удаан хүлээсэн үү? ● 長く待ちましたか.
オダーン　　　　フレースノー

удаан は「(時間的に)長く」, хүлээсэн　үү は хүлээ- [フレー]「待(つ)」+-сэн [スン] (～(し)た) +үү [オー] (～か?).

Зүгээр ээ. ● いえいえ(どういたしまして).
ズゲーレー

「ごめんなさい」に対する「いえいえ」は зүгээр [ズゲール] でよいのですが, 末尾に ээ [エー] をそえるとソフトな感じになります.

би бас 　～ ● 私も ～
ビー バス

бас [バス] が「～も」にあたります. сая [サイ] は「いま(～したばかり)」の意. ирлээ [イルレー] は, ир- [イル]「来(る)」+-лээ [レー] (～(し)た).

эхлээгүй ● まだ始まっていない
エヒレーグイ

эхэл- [エヘル]「始ま(る)」+-ээгүй [エーグイ] (まだ～していない). юу [ヨー] は「～か?」. арай [アラェ] は「すこし/ちょっと」の意ですが, この場合は, 「まだ」にあたります.

амжсан ● 間に合った
アムジスン

амж- [アムジ]「間に合(う)」+-сан [スン] (～した).
"-сан нь [スンヌ] (～したのは)"+"сайн боллоо. [サェン ボルロー] (よいことになった)"で, 「～して, よかった.」を表します.

гучин ес
ゴチン イュス

39

((((いろいろな表現

A: Удаан хүлээлгэчихлээ.　　　長いこと, お待たせしました.
　　オダーン　フレールゲチクレー

B: Зүгээр зүгээр.　　　いえいえかまいません.
　　ズゲール　ズゲール

хүлээлгэчихлээ は「待たせてしまった」の意. хүлээ- ［フレー］(待つ), -лгэ-
［ルゲ］(~させる), -чих- ［チク］(~してしまう), -лээ ［レー］(~した)の 4 つ
の部分からできています.

動詞の「~した」にあたる言い方

過去の表現に用いられる動詞語尾が, 2 課と 6 課にたくさん出てきました.
整理しておきましょう.

① ирсэн 来た　　② танилцлаа 知り合った
　 イルスン　　　　　 タニルツラー

③ ирлээ 来た　　④ амжсан 間に合った
　 イルレー　　　　　 アムジスン

⑤ ~ сайн боллоо （~して）よかった
　 サェン ボルロー

下線部の 5 つの語尾は一見, 全部別のもののようですが, 実は, 次の(1)と(2)
の 2 つに分類できます.

（1）①の-сэн と④の-сан
（2）②の-лаа と③の-лээ と⑤の-лоо

モンゴル語では, 同一の語尾でも, それに含まれる母音が, 動詞語幹の母音の
種類に応じて変わるのです. なお（1）と（2）のニュアンスの違いは微妙で
すが, （2）の方は, 話の時点に比較的近い出来事を表すのに用いられます.

40 дөч
　　ドゥチ

((((ポイント

❖「映画」「テレビ」「コンサート」…❖

相手を映画などに誘うときには，次の①②③の表現が使えます．
＿＿＿＿＿の部分に下の欄の単語を入れて，言ってみましょう．

① ＿＿＿＿＿ үзэх үү?　「～を見ましょうか？」
　　　　　　ウズホー

② ＿＿＿＿＿ үзэхгүй юү?　「～を見ませんか？」
　　　　　　ウズッホグイ　ョー

③ ＿＿＿＿＿ үзье!　「～を見ましょう！」
　　　　　　ウズィー

МОНГОЛ КИНО モンゴル キノー モンゴル映画	КОНЦЕРТ コンツェルト コンサート
ЯПОН КИНО ヤポン キノー 日本映画	ДУУРЬ ドーリ オペラ
ТЕЛЕВИЗ テレヴィズ テレビ	ЖҮЖИГ ジュジグ 劇
ЗУРАГТ ゾラクト テレビ	БҮЖИГ ブジグ 踊り

　　xoёулаа［ホョーラー］（二人で）という語を最初に補って，

　　　Хоёулаа　～　үзье!（二人で～を見ましょう）

などと言うこともできます．
　　モンゴル語では，「コンサート」についても「見る」にあたる動詞を使い
ます．

ДӨЧИН НЭГ
ドゥチン ネグ
41

яриа 7

大丈夫ですか．

Зүгээр үү?

中田さんの顔色がよくないのでオヨンさんがたずねます．

Оюун　Таны бие зүгээр үү?
　　　タニー　ビイ　ズゲールー

Накада　Ханиад хүрсэн юм шиг байна.
　　　　ハニャード　フルスン　ユム　シグ　バェン

　　　　Эмнэлэг ойрхон уу?
　　　　エムネレグ　オェルホノー

Оюун　Ойрхон. Би хамт явъя.
　　　オェルホン　ビー　ハムトゥ　ヤウィー

Накада　Тэгвэл сайн байна.
　　　　テグウェル　サェン　バェン

　オヨン　おからだ，大丈夫ですか．
　中田　　風邪をひいたみたいです．
　　　　　病院は近いですか．
　オヨン　近いです．私がいっしょに行きましょう．
　中田　　そうしてもらえると，ありがたいです．

дөчин хоёр
ドゥチン ホヨル

Зүгээр үү? ● 大丈夫ですか.
ズゲールー

「大丈夫, なんともない」という意味の зүгээр [ズゲール] に「〜か?」に
あたる үү? [ウー] が付いたものです. таны [タニー] は「アナタの」. бие
[ビィ] は「からだ」.

ханиад хүрсэн ● 風邪をひいた
ハニャード フルスン

「風邪をひく」という意味の ханиад хүр- [ハニャード フル] に「〜した」に
あたる語尾-сэн [スン] が付いた形.

〜 юм шиг байна. ● 〜(の)ようです.
ユム シグ バェン

「〜のようだ, 〜みたいだ」を表します.
〜юм(〜の)＋шиг(よう)＋байна(だ)という組み立てです.

ойрхон уу? ● 近いですか.
オェルホノー

ойрхон [オェルホン] が「近い」という意味です. これに уу? [オー](か?)が
続いた形. эмнэлэг [エムネレグ] は「病院」.

хамт ● いっしょに
ハムトゥ

явъя [ヤウィー／ヤウャー](行きましょう)は,「行く, 出かける」にあたる
яв- [ヤウ] に-(ъ)я [イー／ヤー](〜しよう)が付いたもの.

Тэгвэл сайн байна. ● そうしてもらえるとありがたいです.
テグウェル サェン バェン

「そうすれば(тэгвэл)よい(сайн)です(байна)」が逐語訳です.

дөчин гурав
ドゥチン ゴロウ

43

(((いろいろな表現

A: Би халуунтай юм шиг байна.　　わたし，熱があるみたいです.
　　ビー ハローンタェ ユム シグ バェン

B: Эм уусан нь дээр ээ.　　薬をのんだほうがいいですよ.
　　エム オースンヌ デーレー

халуунтай は「熱がある」. эм は「薬」. уусан нь дээр ээ.は уу-(飲む)＋-
сан нь дээр ээ.(〜したほうが，いいですよ).

A: Эмчийг дуудна уу?　　お医者さんを，呼んで下さい.
　　エムチーグ　ドーダノー

B: Жаахан хүлээгээрэй.　　ちょっと，待ってください.
　　ジャーハン フレー ゲーレー

A: За.　　はい.
　　ザー

эмчийг は，эмч［エムチ］(医師)＋-ийг［イーグ］(〜を). дуудна уу は，дууд-
(呼ぶ)＋-на　уу(〜してください)〈ていねいな依頼〉，хүлээгээрэй は
хүлээ-(待つ)＋-(г)ээрэй(〜するように)〈相手に対する指図〉.

A: Яасан бэ?　　どうしましたか.
　　ヤースン ベー

B: Зүгээр.　　なんともありません.
　　ズゲール

яасан は，яа-［ヤー］(どうする)＋-сан［スン］(〜した). бэ? は省略可です.

44　дөчин дөрөв
　　ドゥチン ドゥルウ

(((ポイント   ❖身体の調子についての表現を覚えましょう❖

「 ～ が痛い」の言い方

モンゴル語では「わたしの～が痛いです」という表現をよくします。（ただし「わたしの」の部分はなくてもかまいません）

Миний　　　　тOЛГOЙ　　　　OВДOOД　　байна.
ミニー　　　　トルゴェ　　　　ウブドゥード　　バェン
わたしの　　　頭　　　　　　　が　　痛んで　　いる.
　　　　　　　ШYД　　　　　　　　　　　　　　=痛いです.
　　　　　　　シュド
　　　　　　　歯

　　　　　　　ГЭДЭС
　　　　　　　ゲデス
　　　　　　　おなか

「もう，よくなりました／大丈夫です.」の言い方

Одоо зүгээр болсон.
オドー　ズゲール　ボルスン
もう　　よく　　なりました.

「おなかがすいた／のどがかわいた」の言い方

Гэдэс өлсөж байна.
ゲデス　ウルスジ　バェン
おなかが　すいて　います.

Ам цангаж байна.
アム　ツァンガジ　バェン
のどが　かわき　ました.

дөчин тав
ドゥチン タウ
45

яриа 8

この近くに郵便局はありますか.

Энэ хавьд шуудан байна уу?

中田さんが街で道をたずねます.

Накада　Сайн байна уу, танаас нэг юм асууя.
　　　　　サェン　バェノー　タナース　ネグ　ユム　アシーイ

хүн　За, тэг тэг!
　　　ザー　テグ　テグ

Накада　Энэ хавьд шуудан байна уу?
　　　　　エネ　ハウィッド　ショーダン　バェノー

хүн　Байна. Энэ замаар чигээрээ яваарай.
　　　バェン　エネ　ザマール　チゲーレー　ヤワーレー

Накада　За, мэдлээ. Танд их баярлалаа.
　　　　　ザー　メドレー　タンド　イヘ　バイラルラー

хүн　Зүгээр.
　　　スゲール

中田　すみません, ちょっとお聞きしたいんですが.
通行人　どうぞ, どうぞ.
中田　この近くに郵便局はありますか.
通行人　あります. この道をまっすぐ行ってください.
中田　わかりました. どうもありがとうございました.
通行人　どういたしまして.

дөчин зургаа
ドッチン　ゾルガー

нэг юм асууя ● ちょっとお聞きしたいんですが
ネグ　ユム　アソーイ

文字通りには，「ひとつの(нэг)，こと(юм)を，たずね／よう(асуу-я)」
です．танаас [タナース] は「あなたに」にあたります．

Тэг тэг! ● どうぞ(そうしてください)！
テグ　テグ

「そうする」という意味の動詞語幹 тэг [テグ] を2回くり返した形は「ど
うぞ(そうしてください)」という意味になります．

энэ хавьд ● この近くに
エネ　ハウィッド

энэ が「この」，хавьд が「近くに」にあたります．шуудан [ショーダン] は
「郵便局」．байна уу? [バェノー] は「あるか？」という意味です．

чигээрээ яваарай ● まっすぐ行ってください
チゲーレー　　ヤワーレー

чигээрээ が「まっすぐに」，яваарай が「行ってください」．байна [バェン]
は「あります」．энэ зам-аар [エネ　ザマール] は「この／道／を」．

Мэдлээ. ● わかりました.
メドレー

мэд- [メド]「わか(る)」+-лээ [レー]「～した」.

Танд баярлалаа. ● ありがとうございました.
タンド　　バイラルラー

баярлалаа だけでも「ありがとうございます」にあたりますが，文字通り
の意味は「感謝した」なので，前に танд(アナタに)をそえることもよく
あります．ダイアローグでは，さらに их [イヘ] (とても)が加わっていま
す．зүгээр [ズゲール] は「どういたしまして」．

47

((((いろいろな表現

A: Ойлгосонгүй.　　　　　わかりませんでした.
　　オェルゴスングイ
B: Дахиад хэлнэ үү?　　　もう一度, 言ってください.
　　ダヒャード　ヘルノー

Ойлгосонгүй は, Ойлго-「わか(る)」+-сон(〜した)+-гүй(〜ない).
Дахиад は「もう一度」. хэлнэ үү は хэл-(言う)+-нэ үү(〜してください).

A: Уучлаарай,　　　　　　すみません,
　　オーチラーレー
　　нэг юм асууж болох уу?　ちょっとお聞きしていいですか.
　　ネグ ユム アソージ　　ボルホー
B: Тэг тэг.　　　　　　　　どうぞ.
　　テグ テグ

ダイアローグの表現を少し変えたものです.
асууж болох уу? は, асуу-(聞く)+-ж болох уу?(〜してよいか).

A: Номын дэлгүүр хаа байна?　本屋さんは, どこにありますか.
　　ノミン　デルグール ハー　バェン
B: Энэ гудамжинд байна.　　　この通りに, あります.
　　エネ　ゴダムジンド　バェン

номын　дэлгүүр は, ном [ノ ム](本)-ын [イ ン](の), дэлгүүр(店). гудам-
жинд は гудамж(ин) [ゴダムジ](通り)+-д(〜に).

48　дөчин найм
　　ドゥチン ナェム

(((～ポイント ❖「もしもし，ちょっと…」や「ちょっとすみません」の言い方❖

　いろんな場所で人に声をかけるときの方法には，いくつかあります．な
お，②と③の各例の末尾に添えられた長母音 aa!〔アー〕, ээ!〔エー〕, оо!〔オー〕
は，呼びかけを表す助詞です．

① 「こんにちは」や「すみません」を用いる

　　Сайн байна уу? ／ Уучлаарай.
　　サェン　　バェノー　　　　オーチラーレー

② 相手の職業名で呼ぶ

　　　Үйлчлэгч ээ!「ウェイトレスさん！」=「すみません」
　　　ウィルチレグ**チェー**

　　　Худалдагч aa!「店員さん！」=「すみません」
　　　ホダルダグ**チャー**

　　　Жолооч oo!「運転手さん！」=「すみません」
　　　ジョロー**チョー**

③ ах「兄」，эгч「姉」，дүү「弟・妹」という語を利用する
　　アハ　　　　エグチ　　　　ドゥー

相手が自分より年上か年下かがはっきりわかるときには，下のように言い
ます．ただし，1), 2)は，20歳代までの若い人が使います．

1)（年上の男性に）　Ax aa!
　　　　　　　　　　　アハー　　　┐
　　　　　　　　　　　　　　　　　├─「あのう，ちょっと」
2)（年上の女性に）　Эгч ээ!　　┘
　　　　　　　　　　　エグチェー

3)（大人が子供に/年配者が若者に）　Миний дүү!　「ちょっと，きみ」
　　　　　　　　　　　　　　　　　　ミニー　ドゥー　「ちょっと，あんた」

дөчин ec
ドゥチン イュス
49

яриа
9

バスで行きましょう.

((((・　　　　　　　　Автобусаар явъя.

中田さんはオヨンさんとショッピングに出かけます.

Накада　　Автобусаар явъя.
アウトボサール　ヤウィー

Оюун　　Өө, ашгүй, тэр ирж байна.
オー　アッシグイ　テル　イルジ　バェン

Накада　　Их дэлгүүр рүү явах бол уу?
イヘ　デルグール　ルー　ヤワッホ　ボロー

Оюун　　За, сууцгаая.
ザー　ソーッガーイ

Накада　　Билет авъя. Ямар үнэтэй вэ?
ビレット　アウィー　ヤマル　ウンテー　ウェー

Оюун　　Тавин(50) төгрөг.
タウィン　　トゥグルグ

中田　　バスで行きましょう.
オヨン　　あっ, ちょうどよかった, あそこに来ました.
中田　　デパート前へ行きますかねえ.
オヨン　　さあ, 乗りましょう.
中田　　切符を買いましょう. いくらですか.
オヨン　　50トゥグリグです.

50　　тавь
タ^ゥィ

автобусаар ● バスで
アウトボサール

автобус［アウトボス］(バス)に，「～で」にあたる-aap［アール］が付いたもの．

Ашгүй! ● ちょうどよかった！
アッシグイ

物事がうまくいったときのうれしい気持ちを表します．「あそこに来た」にあたるモンゴル語は，「あれが(тэр［テル］)，来つつある(ирж байна［イルジ バェン])」という表現になります．

～ бол уу? ● ～ ですかねえ．
ボロー

「～でしょうか？／～かな？」にあたります．их дэлгүүр［イヘ デルグール］は「デパート」．～руу［ルー］は「～の方へ」，явах［ヤワッホ］は「行く」．

суущгаая ● 乗りましょう
ソーツガーイ

「(みんなでいっしょに)乗ろう」というときに，こう言います．суу-［ソー］が「乗る」という動詞で，これに「(いっしょに)～しよう」を表す-цгаая［ツガーイ］が付いた形です．

Билет авъя. ● 切符を買いましょう．
ビレット アウィー

билет は「切符」．авъя［アウィー／アウヤー］は，ав-［アウ］(買う)に「～しよう」にあたる-(ъ)я［イー／ヤー］が付いたもの．

Ямар үнэтэй вэ? ● いくらですか．
ヤマル ウンテー ウェー

文字通りには「どんな(ямар)，値段(үнэ-тэй)，か(вэ)」です．тавин［タウィン］は「50」．近年はインフレで，バス料金も500トゥグリグになっています．

тавин нэг
タウィン ネグ
51

((((いろいろな表現

A: Автобусанд суух уу?　　バスに乗りますか.
　　アウトボ**サ**ンド　ソー**ホー**

B: Би явган явъя.　　わたしは, 歩いて行きましょう.
　　ビー ヤウガン ヤウィー

автобусанд は, автобус(ан) [アウトボス] (バス) +-д (〜に). суух уу? は,
суу-х (乗-る) +уу? (か?). явган は「歩いて」.

A: Хаана суух вэ?　　どこに座りましょうか.
　　ハーナ ソーホ ウェー

B: Энд сууя.　　ここに座りましょう.
　　エンド ソーイ

суух вэ? は, суу-х (座-る) +вэ? (か?). энд は, 「ここに」. сууя は, суу-
「座 (る)」+-я 「〜しよう」.

A: Дараагийн буудал дээр бууна.　　次の駅で降ります.
　　ダラー**ギ**ーン ボー**ダ**ル デール **ボ**ーン

B: Одоо бууя.　　さあ, 降りましょう.
　　オドー ボーイ

дараа-г-ийн は「次-の」, буудал は「駅, 停留所」. дээр は「〜で」. буу-на
が「降り-る」で, буу-я が「降り-よう」.

(((ポイント

❖「～で行きましょう」の練習❖

「バスで行きましょう」の「バスで」は,

автобус ＋ -аар ＝ автобусаар
アウトボス　　アール　　　アウトボサール
「バス」　　「～で」

でした.「～で」にあたる部分は-аар［アール］ですが, この-аар は「～」に入る単語によって-оор［オール］や-ээр［エール］に変わることもあります.

1) Таксигаар
   タクシーガール
   タクシーで

2) Онгоцоор
   オンゴツォール
   飛行機で

3) Галт тэргээр
   ガルト テルゲール
   汽車で

4) Явганаар
   ヤウガナール
   歩いて

явъя. 行きましょう.
ヤウィー
ヤウヤー

5) Юугаар явах вэ?
   ヨーガール　ヤワッホウェー
   何で　行きましょうか？

*1)таксигаар と 5)юугаар の -аар の前の-г-は, つなぎの子音です.
3)「汽車」は галт тэрэг［ガルト　テレグ］. тэрэг に -ээр が付くと тэргээр になります.

тавин гурав
タウィン　ゴロウ

яриа
10

靴がほしいんですが.

Гутал авмаар байна.

デパートの靴の売り場です.

Накада **Шинэ гутал авмаар байна.**
シン ゴタル アウマール バェン

Худалдагч **Энэ зүгээр байхаа.**
エネ ズゲール バェハー

Накада **Өмсөж үзэж болох уу?**
ウムスジ ウゼジ ボルホー

Худалдагч **Тэг тэг.**
テグ テグ

Накада **Надад таарч байна.**
ナダッド タールチ バェン

Худалдагч **Танд сайхан зохиж байна.**
タンド サェハン ゾヒジ バェン

中田　新しい靴がほしいんですが.
店員　これがいいでしょう.
中田　履いてみてもいいですか.
店員　どうぞ.
中田　ぼくにぴったりですね.
店員　よく似合いますよ.

54　тавин дөрөв
タウィン ドゥルウ

～авмаар байна. ● ～がほしいんですが.
アウマール　バェン

ав-［アウ］「買(う)」という動詞に「～したいんですが」を表す-маар
байна.が付いた形. шинэ［シン］は「新しい」. гутал［ゴタル］は「靴」.

Энэ зүгээр. ● これがいいです.
エネ　　ズゲール

зүгээр［ズゲール］は「(けっこう)よい」という意味でも使います. 文末の
～байхаа［バェハー／バハー］は「～でしょう, ～だろう」にあたります.

〔動詞〕-ж болох уу? ● ～してもいいですか.
ジ　　ボルホー

өмсөж　үз(э)-［ウムスジ　ウズ］の部分が「履いてみ(る)」, その後ろの-ж
болох уу?の部分が「～していいですか」にあたります.

надад ● わたしに
ナダッド

「わたし(は)」を表す би［ビー］とはまったく違う形になります. таарч
байна［タールチ　バェン］は,「(大きさや数が)合う」という意味の動詞 таар-
［タール］に「～している」にあたる-ч байна［チ バェン］が付いたもの.

танд ● アナタに
タンド

та［ター］「アナタ(は)」の変化形の一つです.

зохиж байна. ● 似合っています.
ゾヒジ　　バェン

動詞 зохи-［ゾヒ］「似合(う)」に,「～している」にあたる-ж байна［ジ バェ
ン］が付いたもの.

(((・いろいろな表現

A:　Алийг нь авах вэ?　　　どれをお求めですか.
　　　アリー（グ）　ン　アウハ　ウェー
B:　Үүнийг авъя.　　　　　これをください.
　　　ウーニーグ　アウィー

店員さんとお客さんの会話です. алийг（どれを）нь（そのうちの）は「そのう
ちのどれを」の意です. нь［ン］はモンゴル語独特の語尾です. 単語の後ろ
に付いて「そのうちの〜」を表します. авах вэ? が「買いますか」で,
авъя は「買いましょう」にあたります. үүнийг は энэ［エネ］「これ」の変
化形で,「これを」にあたります.

A:　Хэдийг авах вэ?　　　いくつお求めですか.
　　　ヘディーグ　アウハ　ウェー
B:　Нэгийг авъя.　　　　　ひとつください.
　　　ネギーグ　アウィー

хэдийг は хэд［ヘドゥ］（いくつ）＋-ийг［イーグ］（〜を）. нэгийг は нэг［ネグ］
（ひとつ）＋-ийг［イーグ］（〜を）. モンゴル語では「いくつヲ買うか」「ひと
つヲ買う」という表現になります.

　　Нэг нь хэдэн төгрөг вэ?　　ひとつ, 何トゥグリグですか.
　　　ネグ　ンヌ　ヘドゥン　トゥグルグ　ウェー
　　Нэг нь хэд вэ?　　　　　　ひとつ, いくらですか.
　　　ネグ　ンヌ　ヘドゥ　ウェー

нэг（ひとつは）нь（そのうちの）は「そのうちのひとつは」の意. хэд вэ? は,
物の値段以外にも, いろいろな物の数をたずねるのに使える表現です.

56　тавин зургаа
　　タウィン　ゾルガー

(((ポイント ❖「〜したいんですが」と「〜していいですか」❖

この課のダイアローグには会話でよくつかわれる表現が2つ出てきました.
〈希望の表現〉と〈相手に許可を求める表現〉です.

〔動詞〕**-маар байна.** ［マール バェン］（〜したいんですが）〈希望〉

〔動詞〕によっては，maap の部分が-мээр［メール］などにかわります.

Цай уумаар байна.
ツァェ オーマール バェン
お茶を 飲み たいんですが.

Кино үзмээр байна.
キノー ウズメール バェン
映画を 見 たいんですが.

Монгол дээл өмсөж үзмээр байна
モンゴル デール ウムスジ ウズメール バェン
モンゴル 服を 着て みたいんですが.

〔動詞〕**-ж болох уу?** ［ジ ボルホー］（〜していいですか）〈許可を求める〉

Тамхи татаж болох уу?
タミヒ タタジ ボルホー
たばこを 吸っても いいですか.

Энд сууж болох уу?
エンド ソージ ボルホー
ここに 座って よろしいですか.

Орж болох уу?
オルジ ボルホー
入っても いいですか.

答えるときは Болно.［ボルン］「いいです」，Болохгүй.［ボルホグイ］「だめで
す」

ТАВИН ДОЛОО
タウィン ドロー

57

яриа 11

どんな料理が好きですか.

Ямар хоолонд дуртай вэ?

レストランに入りました.

Оюун　Та ямар хоолонд дуртай вэ?
　　　　ター　ヤマル　ホーロンド　ドルタェ　ウェー

Накада　Би махан хоолонд дуртай.
　　　　　ビー　マハン　ホーロンド　ドルタェ

Оюун　Тэгвэл махан хоол захья аа!
　　　　テグウェル　マハン　ホール　ザヒヤー

Накада　Шар айраг ч бас авах уу?
　　　　　シャル　アェラグ　チ　バス　アウホー

Оюун　Тэгье.
　　　　テギー

オヨン　中田さんは，どんな料理がお好きですか.
中田　わたしは，肉料理が好きです.
オヨン　それじゃあ，肉料理を注文しましょう.
中田　ビールも，もらいましょうか.
オヨン　そうしましょう.

～-д дуртай ● ～が好きです
ド　　ドルタェ

「～に 好みがある」が文字通りの意味です．「料理」は хоол ［ホール］です
が，-д ［ド］を付けると хоолонд ［ホーロンド］となります．

махан хоол ● 肉料理
マハン　　ホール

「肉」は мах ［マハ］ですが，「肉～」というように後ろの名詞を修飾する
ときは махан ［マハン］という形になります．

～захья аа ● ～を注文しよう
ザヒヤー

「注文す(る)」という意味の動詞 захь- ［ザヒ］に「～しよう」にあたる語
尾-я(аа) ［ヤー］が付いたもの．

～ч бас ● ～も
チ　バス

「～も ч，また бас」と訳すこともありますが，ч бас 全体が「も」にあた
ると見た方がよいこともあります．шар айраг ［シャル アェラグ］は「ビー
ル」を意味します．文字通りには「黄色い馬乳酒」です．

авах уу? ● (～を)とりますか／もらいますか
アウホー

「とる，もらう，買う」などはすべて動詞の ав- ［アウ］で表されます．

тэгье! ● そうしましよう．
テギー

「そうす(る)」という意味の動詞 тэг- ［テグ］に「～しよう」にあたる語
尾-(ь)е ［イー］が付いたもの．

тавин ес
タウィン イユス

(((・いろいろな表現

A: Энэ ресторанд орох уу?　　このレストランに入りますか.
　　エネ　レストランド　オロホー
B: Оръё.　　　　　　　　　　　入りましょう.
　　オリイ

ресторанд は ресторан [レストラン]＋-д「に」. орох　уу? は ор(о)-х [オロ]「入
-る」＋уу? [ホー]「〜か？」. -(ъ)ё [イー] は「〜しよう」.

A: Юу идэх вэ?　　　　　　　　何を食べますか.
　　ヨー　イデホ　ウェー
B: Монгол хоол идмээр байна.　モンゴル料理を食べたいです.
　　モンゴル　ホール　イドゥメール　バェン

ид(э)-х [イデホ] は「食べ-る」.
идмээр байна は ид-「食べ(る)」＋-мээр байна(〜したいです).

A: Архинд дуртай юу?　　お酒は　好きですか.
　　アルヒンド　ドルタェ　ヨー
B: Дуртай.／Дургүй.　　　好きです.／きらいです.
　　ドルタェ　　ドルグイ

「お酒」は архи [アルヒ]. -д [ド] がつくと "архинд". дуртай が「好き」
(дур(好み)-тай(あり))で, дургүй が「きらい」(дур(好み)-гүй(なし)).

жар
ジャル

(((ポイント   ❖「羊の肉」「パン」「ミルクティー」…❖

次の 1)～10)の語句を，下の①②の構文に入れて言ってみましょう.

1) max　肉
マハ

2) хонины max　羊の肉
ホンニー　マハ

3) загас　魚
ザガス

4) бууз　「ボーズ」（羊肉まんじゅう）
ボーズ

5) талх　パン
タルハ

6) цагаан будаа　ライス
ツァガーン　ボダー

7) ундаа　飲み物
オンダー

8) сүүтэй цай　「スーテイ・ツァイ」
スーテー　ツァェ　（ミルク・ティー）

9) пиво　ビール
ピヴォ

10) тараг　ヨーグルト
タラグ

① ＿＿＿＿＿＿＿＿ авах уу?　「～をもらいましょうか」
アウホー

② ＿＿＿＿＿＿＿＿ авъя.　「～をもらいましょう」
アウヤー　　　「～をお願いします」
アウィー

●馬乳酒とビール●

モンゴルには，アイラグ（馬乳酒）とよばれる飲み物があります. 馬乳を醗酵させて作ります. アルコール度はそれほど高くなく，酸っぱい味で，白い色をしています. 夏の時期の大切な栄養補給源にもなっています. 飲んでいる間じゅう，小さな気泡が下からどんどんわき上がってくるのはビールと同じです. それで，ビールのことを「黄色い（シャル）馬乳酒（アイラグ）」とも呼んでいるわけです.

жаран нэг
ジャラン ネグ

яриа 12

日本語がわかりますか.

🔊　　　　　　Япон хэл мэдэх үү?

食事をしながら，ことばの勉強のことが話題になります．

Оюун　Та монгол хэл хэдэн жил үзсэн бэ?
　　　ター　モンゴル　ヘル　ヘドゥン　ジル　ウズスン　ベー

Накада　Хоёр жил үзсэн.
　　　　ホヨル　ジル　ウズスン

　　　Өөрөө япон хэл мэдэх үү?
　　　ウールー　ヤポン　ヘル　メドゥホー

Оюун　Огт мэдэхгүй.
　　　オグト　メドゥホグイ

　　　Танаар заалгая гэж бодож байна.
　　　タナール　ザールガイ　ゲジ　ボドジ　バェン

　オヨン　ナカダさん，モンゴル語は何年間勉強されたんですか．
　中田　　2年やりました．
　　　　あなた，日本語は知っていますか．
　オヨン　ぜんぜん知りません．
　　　　ナカダさんに習おうと，思っています．

жаран хоёр
ジャラン　ホヨル

МОНГОЛ ХЭЛ ● モンゴル語
モンゴル　ヘル

хэл [ヘル] には「ことば，言語」の他に「舌」の意味もあります．「日本
語」は япон хэл [ヤポン ヘル] です．

ХЭДЭН ЖИЛ ● 何年(間)
ヘドゥン　ジル

хэдэн [ヘドゥン] ～は「いくつの～」．жил [ジル] が「年(ねん)」．үзсэн [ウ
ズスン] は「(～を) 勉強した，(～の勉強を)やった」．хоёр [ホヨル] は「2」．

өөрөө ● あなた
ウールー

本来は「自分で」という意味ですが，上に示した意味でも使います．同年
輩か年下の相手でも初対面などでчи [チー]「きみ」が使いづらいときの
表現です．

МЭДЭХ ҮҮ ● わかりますか
メドゥホー

「知っていますか」とも訳せます．огт [オグト] は「ぜんぜん，まった
く」．мэдэхгүй [メドゥホグイ] は「知らない，わからない」の意．

заалгая ● 教えてもらおう
ザールガイ

заа- [ザー]「教え(る)」+-лга- [ルガ] (～してもらう)＋-я [イ] (～しよう)と
いう組み立てです．танаар [タナール] は та [ター] の変化形で「アナタに(
～してもらう)」の「アナタに」に相当します．[タニヤル] の発音もあり．

～гэж бодож байна. ● ～と思っています．
ゲジ　　ボドジ　　バェン

～ гэж が「～と」に相当します．бодож が「思って」，байна が「いる」．
(бод(о)- [ボド]「思(う)」+-ж байна [ジ バェン]「ている」)

жаран гурав　**63**
ジャラン　ゴロウ

((((いろいろな表現

A: Англи хэл мэдэх үү?　　　　英語は，ご存じですか.
　　アングリ　ヘル　メドゥホー
B: Жаахан мэднэ.　　　　　　すこし，わかります.
　　ジャーハン　メドゥン

Англи хэл は「英語」. жаахан は「すこし，ちょっと」.
мэд-нэ は「わかります／知っています」に相当します.

A: Та монгол хэл яаж сурсан бэ?　モンゴル語を，どうやって勉強されま
　　ター　モンゴル　ヘル　ヤージ　ソルスン　ベー　した か.
B: ①Өөрөө сурсан.　　　　　　自分で勉強しました.（独学しました）
　　ウールー　ソルスン
　　②Монгол багшаар заалгасан.　モンゴル人の先生に教わりました.
　　モンゴル　バクシャール　ザールガスン

яаж は「どうやって」. сурсан は сур-(学ぶ，勉強する)＋-сан(〜した).
өөрөө は「自分で」の意. монгол багш［モンゴル バクシ］が「モンゴル人の先
生」. "〜-аар［アール］заалгасан" が「〜に，教えてもらった」.

A: Ойлгосон уу?　　　　　　　わかりましたか.
　　オェルゴスノー
B: Арай удаан ярина уу?　　　もっと，ゆっくり，お話しください.
　　アラェ　オダーン　　ヤリノー　　　　　　（話してください）

ойлгосон［オェルゴスン］の ойлго-［オェルゴ］は「わかる，理解する」の意.
-сон уу?［スノー］は「〜したか？」. арай は「もうすこし」. удаан は「ゆっ
くり」. ярина уу は，яри-｛＝ярь-｝(話す)＋-на уу(お〜ください).

жаран дөрөв
ジャラン ドゥルウ

((((ポイント

❖「話す」「言う」を表す動詞❖

この課のダイアローグは，ことばの話題でした．ここで，「話す」や「言う」を表す次の3つの動詞の意味用法を整理しておきましょう．

①　ярь-　［ヤリ］「話す，しゃべる」
②　хэл-　［ヘル］「言う」　　（→8課・いろいろな表現）
③　гэ-　　［ゲ］「〜という」（→4課・ダイアローグ）

③のгэ-に，語尾の-ж［ジ］（〜（し）て）がついた形の-гэж［ゲジ］は，「〜と言って」を表す以外に，-гэж　全体が，〈引用〉の「〜と」にあたることがあります．（→12課・ダイアローグ）

①の用例：

—— Та　монгол хэлээр　ярьдаг уу?
　　　ター　　モンゴル ヘレール　　ヤリダゴー
　　あなたは　　モンゴル語 を　お話しになりますか．

——Жаахан ярьж чадна.
　　ジャーハン ヤリジ チャドゥン
　　すこし　　話せます．

　　*-даг уу?［ダゴー］は「（習慣的に）〜するか？」，-ж чадна は「〜することができる」．

②と③の用例：

—— Та　сая юу гэсэн бэ?　→「いま，何とおっしゃいましたか？」
　　　ター　サイ ヨー　ゲスン　ベー
　　あなたは いま 何 と言った か．

——Дахиад　хэлнэ үү?
　　ダヒャード　　ヘルノー
　　もう一度 言ってください．

жаран тав　**65**
ジャラン タウ

яриа 13

もしもし

))) Байна уу?

中田さんにオヨンさんから電話がかかってきました.

Оюун　Байна уу? Накадагийнх мөн үү?
　　　バェノー　　ナカダギーンホ　　モヌー

Накада　Аа, Оюун, сайн байна уу?
　　　　アー　オヨン　サェン　バェノー

Оюун　Өнөөдөр төрсөн өдрөө тэмдэглэнэ.
　　　ウヌードゥル　トゥルスン　ウドゥルー　テムデグレン
　　　Зургаан(6) цагт ирнэ үү?
　　　ゾルガーン　　　ツァクト　イルヌー

Накада　За, би очно оо. Баярлалаа.
　　　　ザー　ビー　オチノー　　バイラルラー

オヨン　もしもし，ナカダさんのお宅ですか.
中田　　あっ，オヨンさん，こんにちは.
オヨン　きょう，誕生日の祝いをします.
　　　　6時に来て下さい.
中田　　はい，ぼく，行きますよ. ありがとう.

66　жаран зургаа
　　ジャラン ゾルガー

Байна уу? ● もしもし.〈電話で〉
バェノー

文字通りには「いますか?」という意味なので,相手の人が答える場合は,Байна.[バェン](「います」→「はい!」)と言います.

~мөн үү? ● ~ですか.
モヌー

~үү?[ウー]だけでも「~ですか」を表しますが,мөн[モン]が入ると「~に間違いないか?」という感じになります.Накадагийнх[ナカダギーンホ]は「中田さんのうち,中田さん宅」.

төрсөн өдрөө ● 誕生日を
トゥルスン ウドゥルー

「誕生日」は төрсөн өдөр[トゥルスン ウドゥル]です(төр-сөн「生まれ-た」өдөр「日」).これに「(自分の)~を」を意味する-өө[ウー]が付いたのが төрсөн өдрөө「(自分の)誕生日を」です.

өнөөдөр ● きょう
ウヌードゥル

тэмдэглэ-нэ.[テムデグレン]は「祝います」の意.

ирнэ үү ● いらしてください/来てください
イルヌー

動詞 ир-[イル](来る)に,〈あらたまった感じのていねいな依頼〉を表す-нэ үү[ヌー]が付いたもの.
зургаан[ゾルガーン]は「6」.цаг-т[ツァクト]は「~時・に」.

Очно оо. ● 行きますよ.
オチノー

оч-но[オチン/オチノ]「行く」に,強調の оо[オー]「~よ」がそえられた形です.

жаран долоо
ジャラン ドロー
67

(((・いろいろな表現

Таны утасны дугаар хэд вэ?　　　　あなたの電話番号は何番ですか.
タニー　オタスニー　ドガール　ヘドゥ　ウェー

「電話」は утас［オタス］です. утасны ～は「電話の～」.
дугаар が「番号」. хэд вэ? は「イクツか？」という意味です.

A:　Дараа　утсаар　ярья.　　　　あとで，電話します.
　　　ダラー　オトゥサール　ヤリィ

B:　Тэгээрэй　　　　　　　　　お願いします.
　　　テゲーレー

дараа は「あとで，また今度」. утсаар（＝утас-аар）は「電話‐で」，ярья は
「話そう」（＝ярь-［ヤリ］（話す）＋-я［ヤー］（～しよう））.
тэг-［テグ］（そうする）に，「（～する）ように！」を意味する-ээрэй，［エーレー］
が付いたのが тэгээрэй（そうするように.）です.

A:　Оюун байгаа юу?　　　　　　オヨンさん，いらっしゃいますか.
　　　オヨン　バェガー　ヨー

B:　Байгаа.　　　　　　　　　　います.
　　　バェガー

A:　Оюунтай　ярья.　　　　　　オヨンさんをお願いします.
　　　オヨンタェ　ヤリヤー（ヤリィ）

байгаа юу? は「いるか？」で，байна уу?［バェノー］の類義表現です. 電話
では，この表現がよく使われます. Оюунтай ярья.は文字通りには「オヨン
さんと話そう」です.

68　жаран найм
　　　ジャラン　ナェム

(((・ポイント   ❖慣用的なあいさつ表現「ソニン ヨー バエン?」❖

　モンゴル人どうしが出会ったら必ず口にする決まり文句を紹介しましょ
う．ダイアローグには示しませんでしたが，電話でもよく使われるもので
す．

―――　Сонин　　　юу байна?
　　　　ソニン　　　　ヨー　バエン
　　　おもしろい(こと) 何　ある(か?)
　　　変わった(こと)

すなわち，「何か，変わったニュースでもありますか?」という問いかけで
す．毎日顔をあわせている人にでも，必ずこのように問いかけます．
　われわれ外国人は，モンゴル人から不意にこの質問をされると，どう答
えたらよいかとまどうことがあります．でも，安心してください．実は，
決まった答え方も用意されているのです．

―――　Юмгүй, тайван байна.
　　　　ユムグイ　タェワン　バエン
　　　何もなく　平穏　です．

「まあ，いつもどおりですよ」くらいの意味です．
もっとも，お決まりの答えを言わずに，何か小さなニュースを相手に教え
てあげることもあります．
　いずれにしても，二人が上のようなやりとりを交わすことによって，ス
ムーズに会話の本題に入っていけるのです．みなさんもぜひ，ためしてみ
てください．
　なお，сайхан (よい，すばらしい)という語を入れて言うのが，きちょう
めんな言い方のようです．意味内容は上と同じです．

―――　Сонин сайхан юу байна?
　　　　ソニン　サェハン　ヨー　バエン
―――　Юмгүй, тайван сайхан байна.
　　　　ユムグイ　タェワン　サェハン　バエン

яриа
14

おめでとうございます！

Баяр хүргэе!

中田さんがオヨンさんの家を訪問し，誕生日のプレゼントを渡します．

Накада　　Төрсөн өдрийн баяр хүргэе.
　　　　　　トゥルスン ウドゥリーン バヤル フルゲイー
　　　　　　Үүнийг танд барья.
　　　　　　ウーニーグ タンド バリイ

Оюун　　　Задалж болох уу? ...
　　　　　　ザダルジ　　ボルボー
　　　　　　... Миний хамгийн дуртай зүйл байна!
　　　　　　　ミニー　ハムギーン　ドルタェ　ズイル　バェン

Накада　　Ашгүй дээ.
　　　　　　アッシュグイ デー

中田　お誕生日，おめでとうございます．
　　　これを，あなたにプレゼントします．
オヨン　あけてもいいですか．…
　　　…わたしのいちばん好きなものですよ！
中田　ちょうどよかったですね．

дал
ダル

баяр хүргэе! ● おめでとう！
バヤル　フルゲイー

文字通りには「喜び(баяр [バヤル])を，とどけよう(хүргэе [フルゲイー])」という意味です．
төрсөн өдөр [トゥルスン ウドゥル] (誕生日)に「～の」にあたる-ийн [イーン] が付いたのが төрсөн өдрийн [トゥルスン ウドゥリーン] (誕生日の)です．

үүнийг танд барья ● これをアナタにさしあげましょう
ウーニーグ　タンド　バリイ

үүнийг が「これを」，танд が「あなたに」，барья が「さしあげましょう」にあたります．

задалж болох уу? ● あけていいですか.
ザダルジ　　ボルホー

задал- [ザダル]「あけ(る)」に「～してもよいか」にあたる-ж болох уу [ジ ボルホー] が付いて，「あけてもよいか」を表します．

хамгийн ～ ● いちばん ～
ハムギーン

дуртай зүйл [ドルタェ ズイル] は「好きな／もの」．байна [バェン] はこの場合「～ですね！／～だわ！」の意味です．

ашгүй дээ ● ちょうどよかったなあ
アッシュグイ　デー

ほしいものや待っていたものに偶然出くわしたときに言う慣用表現です．末尾の дээ が「～なあ」「～ね」にあたります．

далан нэг
ダラン ネグ

(((いろいろな表現

A: Сайн байцгаана уу?　　　　　こんにちは.〈相手が2人以上のとき〉
　　サェン　バェツガーノー
B: Сайн, та сайн байна уу?　　　こんにちは.
　　サェン ター サェン　バェノー
　　За, ор ор.　　　　　　　　　さあ, どうぞ(お入り下さい).
　　ザー オル オル

ダイアローグの直前の場面です. オヨンさんの家族が総出で出迎えてくれたので, 中田さんは上のAのように言いました. сайн байна уу?(こんにちは＝お元気ですか)の前に, та(あなたは)をそえて言うこともあります.

A: Энийг танд...　　　　　　　これを, あなたに…
　　エニーグ タンド
　　Төрсөн　өдрийн бэлэг.　　　誕生日のプレゼントです.
　　トゥルスン ウドゥリーン ベレグ

「これを」にあたる үүнийг [ウーニーグ] は, 話しことばでは上のように энийг となることもよくあります. төрсөн өдрийн は төрсөн өдөр [トゥルスン ウドゥル](誕生日)＋-ийн [イーン](〜の). бэлэг は「プレゼント」.

A: Танд баяр хүргэе!　　　　　おめでとうございます！
　　タンド バヤル フルゲイー
B: Баярлалаа.　　　　　　　　　ありがとう(ございます).
　　バイラルラー

「おめでとう」は,「あなたに, 喜び(баяр)を, とどけよう(хүргэе)」という言い方をすることもあります.

72　далан хоёр
　　ダラン ホヨル

(((ポイント

❖「あげる」「もらう」の言い方❖

　この課のダイアローグは，ナカダさんがオヨンさんにプレゼントをする
場面でした．

　ものを，あげたり，もらったりすることを表す動詞として，もっとも基
本的なものは次の①②です．

　　①　ав- [アゥ]　もらう　（うけとる，借りる，買う）

　　②　θг- [ウグ]　あげる，くれる　（渡す，貸す）

そして，次の③が θг- [ウグ]の「あげる／やる」に対応するていねい表現と
して使われます．

　　③　барь- [バリ]　さしあげる

① Хэнээс авсан юм бэ?
　 ヘネース　アウスン　ユン　ベー
　 誰から(に) もらった んです か.

── Накадагаас авсан юм.
　　ナカダガース　アウスン　ユム
　　中田さん から もらった んです.

② Чамд θгье!　　きみに，あげよう.
　 チャムド ウギー

　 Танд барья.　　あなたに，さしあげましょう.
　 タンド バリヤー

③ Хэнд θгθх вэ?　誰にあげますか.
　 ヘンド ウグホ ウェー

── Оюунд θгнθ.　　オヨンさんにあげます.
　　オヨンド ウグン

далан гурав
ダラン ゴロウ

73

яриа

15

きみ，何歳？

Чи хэдэн настай вэ?

オヨンさんの弟に話しかけます．

Накада　Чиний нэр хэн билээ？
チニー　ネル　ヘン　ビレー

Баатар　Баатар.
バータル

Накада　Чи хэдэн настай вэ？
チー　ヘドゥン　ナスタェ　ウェー

Баатар　Би найман настай.
ビー　ナェマン　ナスタェ

Накада　Том болоод ямар мэргэжилтэй болох вэ？
トム　ボロード　ヤマル　メルゲジルテー　ボルホ　ウェー

Баатар　Бөх болно.
ボホ　ボルン

中田　きみの名前，なんだっけ？
バータル　バータルです．
中田　何歳？
バータル　8歳です．
中田　大きくなって何になるの？
バータル　おすもうさんになります．

74　далан дөрөв
ダラン　ドゥルウ

хэн билээ? ● 誰でしたっけ?
ヘン　ビレー

билээ? は「～でしたっけ?」にあたります. хэн билээ? は「誰でしたっ
け」という意味です. ここでは「(名前は)何でしたっけ」になります.
чиний〔チニー〕は「きみの～」.

Баатар ● バータル〔男性の名前〕
バータル

「バータル」とは「英雄」という意味です. 男の子の名前によく使われま
す.

Хэдэн настай вэ? ● 何歳ですか.
ヘドゥン　ナスタェ　ウェー

хэдэн〔ヘドゥン〕は「いくつの」. настай〔ナスタェ〕は文字通りには「歳をも
つ」の意. вэ?〔ウェー〕が「～か」. найман〔ナェマン〕は数詞の「8」です.

том болоод ● 大きくなって
トム　ボロード

том〔トム〕は「大きい」という意味. 形容詞＋болоод〔ボロード〕は「(～く)
なって」にあたります.

мэргэжил ● 専門
メルゲジル

ямар〔ヤマル〕мэргэжилтэй〔メルゲジルテー〕болох вэ?〔ボルホ ウェー〕は,「どん
な／専門をもつ／ようになる／か」が文字通りの意味です.

～ болно. ● ～ になる.
ボルン

болно〔ボルン〕は「～ になる」を表します. бөх〔ボホ〕は「すもうとり,
力士」です.

далан тав
グラン　タウ

75

(((いろいろな表現

A: Хэддүгээр ангид сурч байна?　何年生？
　　ヘッドゥゲール　アンギド　ソルチ バェン

B: Гуравдугаар ангид сурч байна.　3年生です.
　　ゴロウドガール　アンギド　ソルチ バェン

A は，「何番目の (хэддүгээр) 学年 (анги) で (-д) 学んで (сур-ч) いる (байна) か (？)」が文字通りの意味です．анги は「クラス／学年」．гуравдугаар は「3 番目の」．

Таны мэргэжил юу вэ?　　ご専門は，何ですか.
タニー　メルゲジル　ヨー ウェー

Орос хэл үү, хятад хэл үү?　ロシア語ですか，中国語ですか.
オロス　ヘルー　ヒャタッド　ヘルー

мэргэжил は「専門」．орос хэл が「ロシア語」で，хятад хэл が「中国語」です．

A: Та хаа сууж байна?　　どこにお住まいですか.
　　ター ハー ソージ バェン

B: Токио хотод сууж байна.　東京に住んでいます.
　　トーキョー ホトッド ソージ バェン

хаа は「どこに」．сууж байна は суу- [ソー] (暮らす，住む)＋-ж байна [ジ バェン] (〜 (し) ている)．「か？」にあたる вэ? は省略可能です．хот [ホト] は「都市，市」の意．хотод は хот＋-д [ド] (〜に)．

76　далан зургаа
　　ダラン ゾルガー

(((ポイント   ❖「〜している」にあたる形❖

　この左のページに сурч байна.（学んでいる）という表現がありました．
"〔動詞〕-ч байна." が日本語の「〜している.」にあたるわけです．
　ところで 12 課に出てきた「〜している」は，бодож байна（考えている）
　　　　　　　　　　　　　　　　　　　　ボドジ　バェン
という形で，-ч〔チ〕の代わりに-ж〔ジ〕が使われていました．動詞語尾の-ч
と-ж は，同一の意味とはたらきをもつ交替形どうしなのです．

〔動詞〕-ж байна.　⎫
　　　　　　　　　　⎬　「〜している」「〜するところだ」
〔動詞〕-ч байна.　⎭

《疑問表現》

〔動詞〕-ж байнауу?　「〜しているか」「〜するところか」
　　　　(-ч)

---

　　　*-ж の方が多く使われます．-ч は，語幹が p〔ル〕か c〔ス〕で終わる動詞の一部
　のものに付けられます．

・Чи юу хийж байна ?　きみ，何をしているの？
　チー　ヨー　ヒージ　バェン

・Захиа бичиж байна.　手紙を書いています．
　ザヒャー　ビチジ　バェン

・Автобус ирж байна !　バスが来るところです．
　アウトボス　イルジ　バェン　　=（あっ）バスが来た！

・Монгол хэл өдөр бур үзэж байна уу?
　モンゴル　ヘル　ウドゥル　ブル　ウゼジ　バェノー

　モンゴル語を毎日勉強していますか？

далан долоо　**77**
ダランドロー

яриа 16

民族音楽に興味がありますか.

(((**Ардын хөгжим сонирхдог уу?**

趣味に関しての話がはずみます.

Оюун **Та ардын хөгжим сонирхдог уу?**
ター　アルディン　　ホグジム　　　ソニルホドゴー

Накада **Тийм.**
テー

Морин хуур дарж үзэх юмсан.
モリン　　ホール　ダルジ　ウゼヘ　ユムサン

Оюун **Монголд байхдаа сурах хэрэгтэй.**
モンゴルド　　バェハダー　　ソラッハ　　ヘレクテー

Накада **Заавал сурмаар байна.**
ザーワル　ソルマール　　バェン

オヨン　民族音楽には興味がありますか.
中田　はい.
　　　馬頭琴を弾いてみたいものです.
オヨン　モンゴルにいるあいだに習わなければ…
中田　ぜひ習いたいです.

78　далан найм
　　　ダラン ナェム

ардын хөгжим ● 民族音楽
アルディン　ホグジム

ардын が「民衆の，民族の」で，хөгжим が「音楽」という意味です.

～сонирхдог ● ～ に興味がある
ソニルホドグ

「興味をもつ」という意味の動詞 сонирх- [ソニルホ] に習慣的動作を示す語尾-дог [ドグ] が付いたもの.

〔動詞〕-х юмсан ● ～ したいものです
ユムサン

話し手の願望を表す言い方です. морин хуур [モリン ホール] は「馬頭琴」. дар- [ダル] は「弾(く)」. -ж үз- [ジ ウズ] は「～してみ(る)」.

Монголд байхдаа ● モンゴルにいるときに
モンゴルド　バェハダー

Монголд は「モンゴルに」. байхдаа は,「いるときに」にあたります.

〔動詞〕-х хэрэгтэй ● ～ すべきです
ヘレクテー

хэрэгтэй は「必要だ」にあたり，動詞の-х の語尾と組み合わせると「～する必要がある，～しなければならない」を意味します. сурах [ソラッハ] は「習う，学ぶ」

заавал ● かならず
ザーワル

сурмаар байна [ソルマール バェン] は сур- [ソル]「習(う)」に「～したいです」にあたる-маар байна [マール バェン] が付いたもの.

далан ес
ダラン イェス

((((いろいろな表現

A: Та морин хуур дарж чадах уу?
　　ター　モリン　ホール　ダルジ　チャダッホー

馬頭琴を弾けますか.

B: Чадна. Гэхдээ тийм сайн биш.
　　チャドゥンゲヘテー　ティーム　サェン　ビシ

弾けます. でも, そんなに
上手じゃありません.

чад-［チャドゥ］が「でき（る）」の意.〔動詞〕-ж чадна.［ジ チャドゥン］は「～
することができる」.「～することができるか？」は,〔動詞〕-ж чадах уу?
［～ジ チャダッホー］と言います. гэхдээ は「でも, といっても」. тийм ～ биш
は「それほど～ではない」. сайн（よい）は「上手だ」の意味でも使います.

A: Монгол дуу дуулж чадах уу?
　　モンゴル　ドー　ドールジ　チャダッホー

モンゴルの歌, うたえますか.

B: Чадахгүй. Одоо сурмаар байна.
　　チャッダホグイ　オドー　ソルマール　バェン

うたえません. これから, 習い
たいです.

дуу が「歌」. дуул-［ドール］が「うたう」. чадахгүй は「できない」. одоо
は「いま, もう, これから」などに相当します.

A: Энэ танд хэрэгтэй юу?
　　エネ　タンド　ヘレグテー　ヨー

これ, 必要ですか.

B: ①Заавал хэрэгтэй.
　　　ザーワル　ヘレグテー

①ぜひ必要です.

②Хэрэггүй.
　　ヘレッグイ

②要りません.

танд が「あなたに」. хэрэгтэй は"хэрэг［ヘレグ］(必要)＋-тэй(あり)".
заавал は「必ず, ぜひ」. хэрэггүй は"хэрэг(必要)＋-гүй(なし)".

ная
ナイ

(((‼ポイント　❖「～に興味がありますか」や「趣味は何ですか」の練習❖

1　хөгжим　音楽
　　ホグジム

4　ардын дуу　民謡
　　アルディン ドー

2　спорт　スポーツ
　　スポルト

5　шатар　将棋（チェス）
　　シャタル

3　бөх　相撲
　　ボホ

6　түүх　歴史
　　トゥーヘ

①と②の_____に，上の1～6の語を入れて言ってみましょう．

① Та _____ сонирхдог уу?
　　ター　　　　　　　　　　　ソニルホドゴー
　　あなたは　　～　　　に興味があります　か

　　Тиймээ, их сонирхдог.
　　ティーメー　イヘ　　　ソニルホドク
　　　はい，　とても 興味があります

② Та юу сонирхдог вэ?
　　ター　ヨー　ソニルホドグ ウェー
　　あなたは 何に　興味があります　か
　　　　　　　＝「ご趣味は何ですか」

　　Би _____ сонирхдог.
　　ビー　　　　　　　　　　ソニルホドク
　　わたしは，　　　　～に興味があります
　　　　　　　　　＝「趣味は ～ です」

наян нэг
ナイン ネグ

яриа 17

おやすみなさい.

Сайхан амраарай.

そろそろ，おいとまする時間です.

Накада　Би ингэсгээд явъя.
　　　　ビー　インゲスゲード　ヤウィー

Оюун　Одоо явлаа юу?
　　　オドー　ヤウラー　ヨー

　　　Та манайд зочилсонд бид баяртай байна.
　　　ター　マナェド　ゾチルスンド　ビッド　バヤルタェ　バェン

　　　Манайд ирж байгаарай.
　　　マナェド　イルジ　バェガーレー

Накада　За, тэгье!
　　　　ザー　テギー

Накада, Оюун　За баяртай. Сайхан амраарай.
　　　　　　　ザー　バヤルタェ　サェハン　アムラーレー

中田　そろそろ，ぼく帰ります.
オヨン　もうお帰りですか.
　　　　私たちのうちに来てくださって，うれしいです.
　　　　これからも，わが家にいらしてください.
中田　はい.
中田, オヨン　じゃあ，さようなら. おやすみなさい.

наян хоёр
ナイン　ホヨル

ингэсгээд ● そろそろ
インゲスゲード

「そろそろ(〜しよう)」にあたる語です。явъя [ヤゥヤー] は「行こう」あ
るいは「帰ろう」にあたります。

Одоо явдаа юу? ● もう，お帰りですか．
オドー ヤゥラー ヨー

одоо が「もう」．явлаа は「(もうすぐに)帰る」を意味します。その疑問
形が явлаа юу? です。манайд [マナェド] は「わが家に」．

баяртай байна ● うれしいです
バヤルタェ バェン

баяртай は「うれしい」を意味します。「喜び」という意味の баяр [バヤル]
に「〜をもつ」にあたる-тай [タェ] が付いたもの。зочил-сон-д [ゾチルスン
ド] は「おいでくださって」．бид [ビッド] は「わたしたち」．ирж
байгаарай. [イルジ バェガーレー] は，「(今後もずっと)来てください」を表し
ます。

Баяртай. ● さようなら．
バヤルタェ

「喜びをもつ」という意味の баяртай は，人とわかれるときの挨拶表現
「さようなら」にもなります。〈次にまた喜びをもって会いましょう〉とい
う意味なのです。

Сайхан амраарай. ● おやすみなさい．
サェハン アムラーレー

この сайхан は「充分に，ゆっくりと」の意。амраарай が「休んでくださ
い」にあたります。

наян гурав
ナイン ゴロウ

83

((((いろいろな表現

A:	Сайхан амарсан уу? <small>サェハン　アマルスノー</small>	よく休みましたか.
B:	Сайхан амарсан. <small>サェハン　アマルスン</small>	よく休みました.

амарсан は амар- ［アマル］(休む) ＋-сан ［スン］(～した). この会話が用いられる場面は, 1)朝起きたとき, か 2)休暇が終わって同僚や友人と再会したとき, です. 1)の場合は,「おはよう」の挨拶にも相当します.

Сайхан нойрсоорой.　　おやすみなさい.
<small>サェハン　ノェルソーレー</small>

нойрсоорой は нойрс- ［ノェルス］(眠る) ＋-оорой ［オーレー］(～するように). ダイアローグの "Сайхан амраарай." は, 例えば, 長い休暇に入る前の挨拶としても使えますが, ここに示したものは, 夜寝る前にしか使えません.

Одоо гэртээ харья.　　もう, うちに帰ろう.
<small>オドー　ゲルテー　ハリイ</small>

гэртээ は「(自分の)うちに」という意味. гэр ［ゲル］(うち) ＋-т ［トゥ］(～に) ＋-ээ ［エー］(自分の).「ゲル」は本来「遊牧民の移動式住居」ですが, 一般的な意味での「うち」をも表します. харья は харь-(帰る) ＋-я(～しよう).

84　наян дөрөв
<small>ナイン　ドゥルウ</small>

(((·ポイント　❖「うれしい」「気に入る」「楽しい」などの表現❖

自分の気持ちや感想や相手に伝えるときの表現を2，3覚えましょう.

① Тантай уулзсандаа　би　баяртай байна.
　タンタェ　オールズスンダー　ビー　バヤルタェ バェン
〈あなたと　会ったことに　わたしは　喜びをもって　いる〉
＝あなたと　お会いできて，うれしいです.

　初対面の場面で言う「はじめまして」にあたりますが，1課のтанил-
цъя.［タニルツィー］に比べて，かしこまった感じの表現です.

② Энэ хоол ямар байна?
　エネ　ホール　ヤマル　バェン
　この料理は　どう　ですか.

　─Сайхан байна. Миний санаанд таарч байна.
　　サェハン バェン　　ミニー　サナーンド タールチ バェン
　　おいしいです.　〈わたしの　気持ちに　あって　いる〉
　　　　　　　　　　　　　　　　　　　　＝気に入りました

③ Үдэшлэг ямар байсан бэ?
　ウデシレグ　ヤマル　バェスン　ベー
　パーティーは　どう　でした　か.

　─ Их　сайхан байсан.
　　イヘ　サェハン バェスン
　　とても　楽しかっ　たです.

наян тав
ナイン　タウ
85

яриа 18

ふるさとに帰りますか.

Нутагтаа буцах уу?

夏休みの予定をたずねます.

Оюун　Зун та нутагтаа буцах уу?
　　　ゾン ター ノタックター ボツァホー

Накада　Үгүй, би тал нутгаар явна.
　　　　ウグイ ビー タル ノトガール ヤウン

Оюун　Аль аймагт очих вэ?
　　　アリ アェマクト オチホ ウェー

Накада　Архангайд очно.
　　　　アルハンガェド オチン

Оюун　Тэнд миний өвөө эмээ суудаг юм.
　　　テンド ミニー ウヴー エメー ソーダク ユム

Накада　Ямар сайхан юм бэ!
　　　　ヤマル サェハン ユン ベー

オヨン　夏, 国に帰りますか.
中田　いや, ぼくは, 草原地方に行きます.
オヨン　どの県(アイマグ)に行きますか.
中田　アルハンガイに行きます.
オヨン　そこには, わたしの祖父母が住んでいるんです.
中田　それはいいですね.

наян зургаа
ナイン ゾルガー

зун ● 夏
ゾン

ダイアローグでは，時の副詞として使われています（「夏（に），（〜する）」）．
「秋」は намар［ナマル］，「冬」は өвөл［ウブル］，「春」は хавар［ハワル］.

нутагтаа буцах уу? ● 故郷に帰りますか
ノタックター　　ボツァホー

нутаг［ノタック］が「土地」という意味．これに，-т［ト］（〜に）と-аа［アー］
（自分の〜）が付いたのが нутагтаа［ノタックター］（自分の土地に＝故郷に）.
буцах［ボツァホ］は「もどる」．動詞оч-［オチ］（行く）を使って "... очих уу?"［オ
チホー］とするのも可．同じく「故郷に帰りますか」の意になります．

тал нутгаар ● 草原地方を…
タル　ノトガール

тал нутаг［タル ノタッグ］が「草原地方」という意味．これに「〜を旅行す
る」などの「〜を」にあたる-аар［アール］が付いたのが上の形．явна［ヤウ
ン］は「歩き回る，旅する」．

аймаг ● アイマク（県）
アェマク

モンゴル国の行政単位名です．これに，-т［ト］「〜に」が付いたのが
аймагт. аль［アリ］は「どの」．очно は「行きます」，Архангайд［アルハンガェド］
は「アルハンガイに」．

суудаг ● 住んでいる
ソーダク

суу-［ソー］「住（む）」＋-даг［ダク］「（常に）〜している」．末尾の〜юм［ユム］
は「〜（な）んです」．өвөө［ウウー］は「祖父」，эмээ［エメー］は「祖母」．

Ямар 〜 юм бэ! ● すごく 〜 （だ）なあ！
ヤマル　　ユン ベー

ямар「どんな」と юм бэ［ユンベー］「〜（な）のか？」を組み合わせた感嘆構
文です．「なんと〜なのか！」→「（すごく）〜だなあ！」

НАЯН ДОЛОО
ナイン ドロー

(((いろいろな表現

A: Зуны амралтаар юу хийх вэ?　　　夏休みに何をしますか.
　　ゾニー　アムラル**タ**ール　**ヨ**ー　ヒーホ　ウェー

B: Би хөдөө явна.　　　　　　　　　わたしは，地方旅行します.
　　ビー　ホドー　ヤ**ウ**ン

「夏休み」は зуны(夏の) амралт [アムラルト] (休み).

「夏休みに」の「に」は -aap [アール]. хийх が「する」.

хөдөө は「いなか，地方」. хөдөө явна は「いなかに行く」.

A: Өвөл Хөвсгөлд очих юм уу?　　　冬，ホブスゴルに行くんですか.
　　ウブル　ホブスゴルド　オチッ**ホ**　ユモー

B: Тэгэх санаатай.　　　　　　　　はい，そうするつもりです.
　　テ**ゲ**ホ　サ**ナ**ータェ

өвөл は「冬」. Хөвсгөл はモンゴル国北部のアイマク(県).

〔動詞〕-x юм уу? は「～するのですか」,

〔動詞〕-x санаатай. は「～するつもりだ」にあたります.

(((・ポイント　　　　　❖モンゴルの夏のあいさつ❖

　モンゴルの夏といえば，なんといっても「ナーダム(наадам)」です．ナーダムとは，7月に3日間おこなわれるスポーツの祭典で，モンゴルの伝統スポーツの相撲と弓と馬の3種目で選手たちが技を競います．

　この期間は国民の祝日で，みんな着飾ってうきうきした気分でナーダム見物にでかけます．そして，知り合いの人と出会ったら，次のようなあいさつを交わします．

——Сайхан наадаж байна уу?
　　サェハン　ナーダジ　バェノー
　　たのしく　あそんで　います　か　→「ナーダム祭，たのしんでいますか?」

——Сайхаан. Сайхан　наадаж　байна уу?
　　サェハーン　サェハン　ナーダジ　バェノー
　　たのしいです

——Сайхаан.　　　　　*наад- [ナーダ] が「あそぶ，たのしむ」という意味の動詞です．
　　サェハーン　　　　　ここでは「ナーダム祭をたのしむ」という意味で使われています．
　　　　　　　　　　　　*наадам [ナーダム] はこの наад-からできたことばです．
　　　　　　　　　　　　Сайхаан [サェハーン] はСайхан [サェハン] の強調表現です．

　この他，ナーダムの時期にかぎらず，夏の季節をとおして使えるあいさつ表現に，下に示したようなものがあります．「こんにちは(сайн　байна уу?)」と同じように使います．

——Сайхан　зусаж　байна уу?
　　サェハン　ゾサジ　バェノー
　　快適に　夏をすごして　います　か

——Сайхаан.
　　サェハーン
　　快適です

наян ес
ナイン イュス

яриа 19

馬に乗ったことがありますか.

Морь унаж үзсэн үү?

草原です．オヨンさんのおじいさんと中田さんの会話です．

Оюуны өвөө	Өөрөө морь унаж үзсэн үү? ウールー　モリ　オンジ　ウズスノー
Накада	Үгүй, нэг ч удаа үзээгүй. ウグイ　ネグ　チ　オダー　ウゼーグイ
Оюуны өвөө	Энэ морийг унаж үзэхгүй юү? エネ　モリーグ　オンジ　ウズホグイ　ヨー
Накада	Би жаахан айж байна аа. ビー　ジャーハン　アェジ　バェナー
Оюуны өвөө	Номхон морь учраас дажгүй. ノムホン　モリ　オチラース　ダッジグイ

オヨンの祖父	あんた，馬に乗ったことあるかい？
中田	いいえ，一度もありません．
オヨンの祖父	この馬に乗ってみなさいよ．
中田	ぼく，ちょっとこわいですよ．
オヨンの祖父	おとなしい馬だから大丈夫だよ．

ер
イェル

морь ● 馬
モリ

уна-[オン]は「(馬や自転車などに)乗る」を意味する動詞. 初対面の相手が年下のとき, 「あなたは…」の意で "өөрөө [ウールー]" と言うことがあります (p.63, 64 も参照).

〔動詞〕-ж үзсэн үү? ● ～したことがありますか
ジ ウズスノー

動詞に-ж [ジ] をつけて, そのあとに үзсэн үү(見たか？) を続けると, 「～したことがあるか？」という経験をたずねる言い方になります.

нэг ч·удаа ● 一回も(～ない)
ネグ チ オダー

нэг [ネグ] (1), ч [チ] (も), удаа [オダー] (～回). ч の位置が日本語の表現と異なります. үзээгүй [ウゼーグイ] は「(まだ)見ていない」ですが, ここでは「(まだ～したことが)ない」にあたります.

〔動詞〕-ж үзэхгүй юү? ● ～してみませんか
ジ ウズホグイ ヨー

-ж үз(э)- [ジウズ] (～してみる) に-хгүй юү? [ホグイ・ヨー] (～しないか) が付いた形. энэ морийг [エネ モリーグ] (この馬を)＋унаж [オンジ] (乗って) が, 「この馬に乗って」にあたる表現になります.

айж байна ● こわいです
アェジ バェン

動詞 ай- [アェ]「こわがる」に「～している」を表す-ж байна [ジ バェン] が付いた形. 「こわがっている」が直訳. аа [アー] は「～よ」にあたります.

дажгүй ● 大丈夫です
ダッジグイ

「大丈夫だ(心配することもない)」の意. номхон морь [ノムホン モリ] は「おとなしい馬」. учраас [オチラース] は「～(な)ので」にあたります.

ерэн нэг
イェレン ネグ

((((いろいろな表現

A: Та ЯпOНД очиж үзсэн үү?　　　日本に行かれたことはありますか.
　　ター ヤポンド オチジ　ウズスノー
B: Нэг удаа очсон.　　　　　　　一度, 行きました.
　　ネグ オダー オチスン

Японд は Япон(日本)＋-д(〜に). очиж үзсэн үү? は оч(и)-(行く)＋-ж үзсэн
үү?(〜したことがあるか).
нэг(一), удаа(度). очсон は оч-(行く)＋-сон(〜した).

A: Даарч байна уу?　　　　　　　寒いんですか.
　　ダール チ　バェノー
B: Үгүй.　　　　　　　　　　　　いいえ.
　　ウグイ
　　Одоо дассан учраас дажгүй.　もう慣れたので, 平気です.
　　オドー ダッスン オチラース ダッジグイ

冬の時期の会話です. даарч байна уу は,「こごえる, (体が)寒さを感じ
る」という意味の動詞 даар-［ダール］＋-ч байна уу(〜していますか). дассан
は дас-［ダス］(慣れる)＋-сан［スン］(〜した). モンゴルの寒さに慣れた, と
いうことです.

92 ерэн хоёр
イェレン ホヨル

(((ポイント

❖「馬」を用いた慣用句❖

Морилно уу!
モリルノー

　動詞ひとつだけの慣用句です。「馬」をあらわすморь［モリ］に子音のл［ル］を
つなげると、動詞になります。морь＋л＝морил-［モリル］．もともとの古いモンゴ
ル語では「馬に乗る」という意味でしたが，現代語ではもっぱら特別な敬語動詞
として使われます。「お越しになる」「おいでになる」という意味です。末尾の
"-но уу［ノー］"は「〜してください」の意の丁寧な勧誘表現 です。(p.130)

（例1①）

Монголд морилно уу!　（モンゴルに　おこしください）
モンゴルド モリルノー

　外国人観光客などに向けたフレーズです。もちろん，モンゴルを訪れる人の交
通手段は飛行機や鉄道です。

　モンゴル紹介の絵はがきの裏には次のような少し長い文言もみられます。

（例1②）

Монгол оронд тавтай морилно уу!　（モンゴルの　国に　くつろいで　おい
モンゴル オロンド タウタェ モリルノー　　　　　　　　　　でください）

　この表現全体に「モンゴルへようこそ！」の訳をあてることができます。

　集会や催しものへの参加を呼びかけるのにも使われます。

（例2）

Морин хуурын концертод морилно уу!（馬頭琴の　コンサートに　おこし
モリン　ホーリン コンチェルトド モリルノー　　　　　　　　　ください）

　また、「（ある方向へ）進んでいく」の意の最上級の敬語としても使われます。

　なにかの会合の席では、次のようなことばを耳にすることがあるかもしれません。

（例3）

Та дээшээ морилно уу!　（どうぞ上座へ！）
ターデーシェーモリルノー

　文字どおりには「アナタは上のほうへお進みください」です。Та［ター］は敬意
をあらわす二人称代名詞ですが、日本語では相手の名前や役職名を言うのがふ
つうでしょう。

ерэн　гурав
イェレン　ゴロウ
93

яриа 20

お元気で！

Сайн сууж байгаарай!

秋になって中田さんは一時帰国することになりました．

Накада　Би нутагтаа түр очоод ирнэ.
　　　　ビー ノタックター トゥル オチョード イルン

Оюун　Хэдийд явах гэж байна?
　　　ヘディード ヤワッホ ゲジ バェン

Накада　Дараагийн нэгдэх өдөр онгоцоор явна.
　　　　ダラーギーン ネグデヒ ウドゥル オンゴツォール ヤウン

Оюун　Замдаа сайн яваарай!
　　　ザムダー サェン ヤワーレー

Накада　Сайн сууж байгаарай!
　　　　サェン ソージ バェガーレー

中田　ぼく，こんど，ちょっと国に帰ってきます．
オヨン　いつ出発ですか．
中田　次の月曜日に，飛行機で行きます．
オヨン　気をつけておでかけください．
中田　元気でいてください．

ерэн дөрөв
イェレン ドゥルウ

түр ● （時間的に）ちょっと
トゥル

нутагтаа［ノタックター］は「故郷に，自分の国に」の意(18課参照)．очоод
［オチョード］は「行って」，ирнэ［イルン］は「来る」．

хэдийд ● いつ
ヘディード

яв(а)-［ヤウ］(でかける)＋-х гэ-［ホ ゲ］(〜しようとする)＋-ж байна［ジ バ
ェン］(〜している)＝явах гэж байна.という表現なので，「(いつ)でかけよ
うとしている(か)」が文字通りの訳です．

дараагийн нэгдэх өдөр ● 次の月曜日(に)
ダラーギーン　　ネグデヒ　ウドゥル

дараагийн は「次の〜」の意．нэгдэх が「一番目の〜」，өдөр が「日」．す
なわち，「一番目の日」が「月曜日」です．

онгоцоор ● 飛行機で
オンゴ ツォール

онгоц［オンゴツ］(飛行機)に，「〜で」にあたる-оор［オール］が付いたもの．

замдаа сайн яваарай ● 途中，気をつけて！
ザムダー　　サェン　　ヤワーレー

замдаа は「途中，道中」にあたります．сайн は「元気で，無事に」，
яваарай は「おでかけください」の意．遠くにでかける人を見送るときの
決まり文句です．

Сайн сууж байгаарай! ● お元気で.
サェン　ソージ　　バェガーレー

遠方にでかける人が残る人に対して言う決まり文句です．「元気で
(сайн)，暮らして(сууж)，いてください(байгаарай)」が文字通りの意味
です．

ерэн тав
イェレン タウ

((((いろいろな表現

A: Сайн явж ирсэн үү?　　ようこそ！（やあ，元気ですか！）
　　サェン ヤゥジ イルスノー
B: Сайн явж ирлээ.　　　どうも，どうも.
　　サェン ヤゥジ イルレー

Aは，遠方から来た（あるいは，帰って来た）人を迎えるときの決まり文句
です。「無事に，《道中を》進んで явж 来た ирсэн，か үү?」が文字通りの意
味です。

Bは「無事に，《道中を》進んで явж，来た ирлээ.」です。

A: Сайн сууж байна уу?　　お元気ですか.
　　サェン ソージ　バェノー
B: Сайн сууж байна аа.　　元気です.
　　サェン ソージ　バェナー

Aは，遠方から来た（あるいは，帰って来た）人が，迎えてくれた人にたず
ねる決まり文句です。「元気に (сайн)，暮らして (сууж)，いますか (байна
уу?)」が文字通りの意味です。

Bは「元気に，暮らしていますよ」です。

96　　ерэн зургаа
　　　 イェレン ゾルガー

(((ポイント   ❖「〜曜日」の言い方を覚えよう❖

〔　〕の中には，文字通りの意味が示してあります．月曜日から金曜日
は-дахь，-дэхの部分が「〜番目の」を表す語尾です．

月曜日　　нэгдэх　өдөр　　　〔一番目の日〕
　　　　　ネグデヒ　ウドゥル

火曜日　　хоёрдахь　өдөр　　〔二番目の日〕
　　　　　ホヨルダヒ　ウドゥル

水曜日　　гуравдахь　өдөр　　〔三番目の日〕
　　　　　ゴロウダヒ　ウドゥル

木曜日　　дөрөвдэх　өдөр　　〔四番目の日〕
　　　　　ドゥルウデヒ　ウドゥル

金曜日　　тавдахь　өдөр　　　〔五番目の日〕
　　　　　タウダヒ　ウドゥル

土曜日　　хагас сайн　өдөр　　〔半分よい日〕
　　　　　ハガス　サェン　ウドゥル

日曜日　　бүтэн сайн　өдөр　　〔完全によい日〕
　　　　　ブトゥン　サェン　ウドゥル

Өнөөдөр хэддэх өдөр　билээ?
ウヌードゥル ヘッデヒ ウドゥル　ビレー

　きょうは，　　何曜日　　でしたっけ？
　　　　　　　（何番目の日）

ダイアローグにあるように，曜日の名前はそのままの形で，「〜曜日に」と
いう意味に使うこともできます．

Дараагийн хагас сайн өдөр　уулзах уу?
ダラーギーン　ハガス　サェン ウドゥル　オールザホー

　次の　　　　土曜日に　　会いましょうか．

ерэн долоо
イェレン ドロー

「東西南北」と「前後左右」を表す語彙

　遊牧用の移動式住居ゲル（гэр）は，入り口（үүд [ウード]）が必ず南を向くように建てられます．モンゴル人は日の当たる南の方角を尊ぶのです．

　ゲルの入口に人が立って外を見ると，前方が南で，左が太陽（нар [ナル]）の昇る東，右が太陽の沈む西になります．そして，ゲルの後方が北の方角です．このことからモンゴル語では，「東・西・南・北」と「左・右・前・後」が同じ単語で表されます．

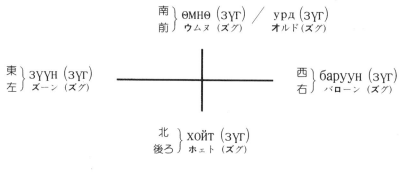

＊カッコ内の зүг とは「方角」という意味で，「東西南北」のほうを言うときにそえることがあります．

　例えば，「右」を「西」と区別する必要があるときは，次のように гар（手）という語をそえて言います．

Төв шуудан энэ гудамжны баруун гар талд байна.
トウ　ショーダン　エネ　ゴダムジニー　バローン　ガル　タルド　バェン
中央　郵便局は，この　通りの　　右　　手　（側）に　あります

文法編

文字と発音

モンゴル語のアルファベットは次のよう
な文字からなっています.

*便宜的に，これらの文字を機械的にローマ字に転字するとどうなるかを（　）内に示して
おきました．正式な発音記号ではありませんが初めての人には参考になると思います.

1	Аа	アー	(Aa)	17	Өө	ウー[θ]	(Öö)
2	Бб	ベー	(Bb)	18	Пп	ペー	(Pp)
3	Вв	ウェー	(Ww)	19	Рр	エル	(Rr)
4	Гг	ゲー	(Gg)	20	Сс	エス	(Ss)
5	Дд	デー	(Dd)	21	Тт	テー	(Tt)
6	Ее	イェー[je/jθ]	(ye/yö)	22	Уу	オー[o]	(Uu)
7	Ёё	イョー[jɔ]	(yo)	23	Үү	ウー[u]	(Üü)
8	Жж	ジェー	(Jj)	24	Фф	フェー	(Ff)
9	Зз	ゼー	(Zz)	25	Хх	ヘー	(KH kh)
10	Ии	イー	(Ii)	26	Цц	ツェー	(TS ts)
11	й	ハガス・イー	(i)	27	Чч	チェー	(CH ch)
12	Кк	カー	(Kk)	28	Шш	イシ	(SH sh)
13	Лл	エル	(Ll)	29	ы	イー	(ii)
14	Мм	エム	(Mm)	30	Ээ	エー	(Ee)
15	Нн	エヌ	(Nn)	31	Юю	ユー[jo/ju]	(yu/yü)
16	Оо	オー[ɔ]	(Oo)	32	Яя	ヤー	(ya)

　このほかに，「軟音符」とよばれる記号 ь と，「硬音符」とよばれる記号 ъ
があります．11 と 29 は単語の最初に書かれることはないので，大文字の欄を
空けてあります.

зуу
ソー

■ 母音字

　モンゴル語の基礎母音は次の7つです．I，II，IIIの3つのグループに分けられ，それぞれ右に示したような名称がつけられています．この名称は，モンゴル語の母音調和という現象を説明するのに必要になります．

I：	a ア	o オ	y オ	… 男性母音
II：	э エ	θ ウ	Y ウ	… 女性母音
III：	и イ			… 中性母音

*日本語の母音はアイウエオの5つですからモンゴル語の方が2つ多いことになります．

　上のカタカナ表記では「オ」にあたるものが2つ(oとy)，「ウ」にあたるものも2つ(θとY)ありますが，この中のθは，「ウ」と「オ」の中間の音です．したがって，oとyとθの区別をしっかりする必要があります．

o … 口を比較的大きくあけて，舌をぐっと奥に引くような感じにし，「ア」を言うつもりで「オ」を言うようにします．

y … 唇を，よく丸めて，はっきりとした感じの「オ」を出します．

θ … 唇はあまりすぼめることなく，「オ」とも「ウ」ともつかない音を出します．

❖ й の文字について（アルファベット表の11）❖

　名前を「半分のи」というこの文字は，次のように，二重母音の後ろの要素
を表記するのに用います．単独では発音できません．

ай アェ	**ой** オェ	**уй** オィ	**үй** ウィ
сайн サェン	ойр オェル	дугуй ドゴィ	хүйтэн フィトゥン
よい	近い	自転車	寒い

長母音

長母音は，同じ母音字を 2 つ重ねて表記します．ただし［イー］のみは，иとйを組み合わせます．

aa アー	**ээ** エー	**оо** オー	**өө** {ウー {オー	**уу** オー	**YY** ウー	**ий** イー
хаан ハーン	ээж エージ	ноос ノース	өөр ウール	уул オール	сYY スー	миний ミニー
皇帝	田	羊毛	ほかの	山	ミルク	わたしの

❖ 語尾の中だけに現われる長母音 ❖

下に示す эй は，つづり上は二重母音のようですが，実際は長母音で発音されます．「(誰か)と(いっしょに)」の「と」にあたる語尾-тэй［テー］や「〜するように！」を表す動詞語尾-ээрэй［エーレー］の中に出てきます．

また，アルファベット表の 29 の ы の文字は，「〜の」にあたる語尾-ы, -ынと「〜を」にあたる語尾-ыг に現れます．原則的には長く［イー］と発音されますが，-ын の ы は短めに［イ］となります．

-эй エー		-ы イー	-ын イン	-ыг イーグ
хэнтэй ヘンテー	ирээрэй イレーレー	зуны ゾニー	ахын アヒン	ахыг アヒーグ
誰と	来るように！ （来てください）	夏の	兄の	兄を

102 зуун хоёр
ゾーン ホヨル

半母音 ＋ 母音を表す文字

「半母音（日本語のヤ行の子音）＋母音」を表す文字が 4 つあります。アルファベット表の 6, 7, 31, 32 です。

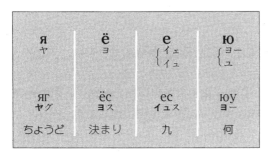

я = [j] + [a] (a)
ё = [j] + [ɔ] (o)
e = [j] + [e] (э)
　または [j] + [θ] (ө)
ю = [j] + [o] (o)
　または [j] + [u] (y)

яа と書くと、これは［ヤ］ではなく、［ヤー］であることに注意してください。「なぜ」を意味する ягаад［ヤーガード］もその一例です。

例）　Яах вэ？　　どうしましようか？　　Ягаад　なぜ？
　　　ヤーホ ウェー　　　　　　　　　　　　ヤーガード

　　　Яасан бэ？　どうしましたか？
　　　ヤースン　ベー

子音の発音で注意するもの

❖ x の発音 ❖

日本語のハ行の子音でも通じないことはありませんが、モンゴル語らしい発音にするためには少し練習が必要です。

口の奥の方で息を強く摩擦させて出す音です。「⁽ᵏ⁾ハ」や「⁽ᵏᵉ⁾ヘ」や「⁽ᵏᵒ⁾ホ」などのつもりで言うとよいでしょう。

特に単語の末尾にあるxは、少々うるさいくらいに摩擦音が聞こえます。

зуун гурав
ゾーン　ゴロウ

хаан	ах	бөх	эх	их	түүх
ハーン	アハ	ボホ	エヘ	イヘ	トゥーヘ
皇帝	兄	相撲	田／初め	とても／大きな	歴史

❖ л の発音 ❖

　これはモンゴル語独特の子音です．文字の名前はエルですが，英語の l の発音と同じではありません．

　摩擦音の加わった l です．舌先を歯茎の裏に付けた状態で，舌の両側面から息を摩擦させながら出します．ザラッとした音色を伴います．

Монгол	мал	уул	үүл	хол
モンゴル	マル	オール	ウール	ホル
モンゴル	家畜	山	雲	遠い

❖ л と р の区別 ❖

　文字の名前は，カタカナで書くとどちらもエルです．р [r] は，舌先をふるわす「ル」なので上で説明した л とは発音方法が全く違うのですが，聞き分けが難しいことがあります．

　単語の末尾の р は舌のふるえる度合いが大きいのですが，それ以外の場合は，日本語のラ行の子音で十分間に合います．

гал	гар	дээл	дээр
ガル	ガル	デール	デール
火	手	モンゴル服	～の上に

❖ б と в ❖

　б は日本語のバ行の子音にあたります．в は，ワ行の子音 w に近い音です．в の後ろに子音が来ると［プ］や［フ］に近くなります．в をローマ字の v で転字することがあるので，「б と в」は一見英語の「b 対 v」に似ていますが，英語の場合のように単語の意味を区別するはたらきはありません．

юу вэ?	хэн бэ?	бичиг	хавар	дэвтэр
ヨー ウェー	ヘン ベー	ビチグ	ハワル	デプテル
何 ですか	誰 ですか	文書／書類	春	ノート

❖ 軟音符 ь ❖

この記号は，形がローマ字のbに似ていますが，独立した一つの文字では
ありません．子音字の後ろにそえられて，その子音に「iの音色」がわずかに
加わることを表します．

вь	гь	дь	ль	мь	нь	рь	ть
ウィ	ギ	ディ	リ	ミ	ニ	リ	ティ

カタカナでは示しにくいのですが，とりあえず母音и〔イ〕の変種と思ってか
まいません．すなわち「弱いイ」です．

говь	толь	хонь	морь
ゴウィ	トリ	ホニ	モリ
ゴビ地帯	鏡／辞書	羊	馬

❖ 硬音符 ъ ❖

動詞の「(〜し)よう」にあたる語尾を書くとき，語幹と語尾の分離に用いら
れることがあります．

Явъя.	Авъя.	（発音については，p.50，p.56 の例なども参照）
ヤウヤー	アウヤー	
でかけよう.	買おう.	

❖ 子音字と母音字を逆転して読む例 ❖

単語のつづりの中の子音字と母音字を前後逆転して読む場合があります．
本書の中では次の語のみです．

зуун тав
ゾーン タウ

105

Баяр<u>л</u>алаа.　ありがとう　→　[Баяра<u>лл</u>аа.]
バイ　ラ　ルラ　ー

正式なつづりは，左側に示したものですが，実際の発音は右側に示したもの
を読んだものに近くなります．

❖ 語末の г の発音 ❖

単語の末尾に г［グ］をもつ単語の中には，その г を［ク］に近く発音するも
のがあります．本書の中では次の例があります．

цаг
ツァグ〜ツァク

нутаг
ノタッグ〜ノタック

時間，時計　　　　故郷

(((▰▰▰ つづりと発音のずれ ▰▰▰

文字の読み方に慣れてきたら，あとは，子音と母音を組み合わせて，書いて
ある通りに読めば，まずは"通じる発音"にはなります．しかし，実際の発音
が単語のつづりと異なることもあります．ここでは，最低限これだけは知って
おきたいという事柄をあげておきます．

❖ 単語の末尾に書かれた「-н＋母音字(а, э, о, θ)」の母音字は読みません．

-на, -нэ, -но, -нθ, は，そのまま読むと［ナ］，［ネ］，［ノ］，［ノ〜ヌ］とな
りますが，これらは，原則としてすべて［ン(ヌ)］と発音されます．

энэ
エン

шθнθ
シュヌ

шинэ
シン

хана
ハン

これ　　　夜　　　新しい　　　壁

ただし，動詞の語尾-на, -нэ, -но, -нθ（「〜する」）は，すべて［ン］と発音す
る場合と，各々の母音をはっきりと出して［ナ］［ネ］［ノ］［ヌ］と発音する

106　зуун зургаа
ゾーン　ゾルガー

場合とがあります.

явна	ирнэ	очно	өгнө
{ヤウン	{イルン	{オチン	{ウグン
{ヤウナ	{イルネ	{オチノ	{ウグノ
でかけます	来ます	行きます	あげます

❖ 単語の末尾に書かれた「ヤ行子音＋母音」を表す文字 я〔ヤ〕, ё〔ヨ〕,
  е〔イェ〜イュ〕は, ヤ行の子音〔 j 〕の部分だけを発音します.

сая	гоё	бие
サイ	ゴイ	ビイ
いましがた／最近	きれいな／すてきな	からだ

❖ 単語の第2音節以降の短母音は, 原則として, あいまい母音〔ə〕に
  なります.

  これはモンゴル語の発音の大きな特徴です. しかしわたしたちには, あいま
い母音を発することは意外と難しいかもしれません.
  本書のカタカナ発音表記では, この種の母音をうまく記すことができませ
ん. 本書の中には次の例があります.

гурав	арав
ゴロウ	アラウ
三	十

  この数詞の例では, 同じ第2音節の pa の部分が,「ロ」と「ラ」のように
別々のカタカナがふってあります. 実際は両者の中間の発音になるのがふつう
です. ただし, 第1音節に y〔オ〕の母音があるときは, 第2音節の a が〔オ〕
に近くなります.

ЗУУН ДОЛОО
ゾーンドロー

単語の形　語形変化と母音調和

モンゴル語の単語は，基本的に，

$$\boxed{\text{語幹 ＋ 語尾}}$$

の形をしています．語幹とは，常に形を変えない部分で，語彙的な意味を表します．語尾は，その後ろに付いて，文法的な意味を表します．このような単語の構造は，日本語の場合とよく似ています．

　モンゴル語の文法をよく理解するには，日本語の文法のしくみをふり返って見ることも有効な手段となります．ここで日本語の動詞の「見る」と「飲む」を例にとってその語形変化のようすを眺めてみましょう．ローマ字表記も添えてあります．

《現在・未来》	見る	mi-ru	飲む	nom-u
《過去》	見た	mi-ta	飲んだ	non-da
《現在進行》	見ている	mi-te iru	飲んでいる	non-de iru
《疑問》	見るか	mi-ru ka	飲むか	nom-u ka
《否定》	見ない	mi-nai	飲まない	nom-anai
《意志》	見よう	mi-yō	飲もう	nom-ō
《仮定》	見れば	mi-reba	飲めば	nom-eba

「見る」の場合は，語幹がmi-で，-ru，-ta などの部分が語尾であることがわかります．一方，「飲む」の語幹は，nomu のうちの nom-の部分で，これが non-という形に交替することがあることもわかります．

　語尾についても次のことが観察できます．

● 《現在・未来》の語尾が ru と-u の交替形をもつ．

108 зуун найм
ゾーン　ナェム

●他も同様に，同じ文法的意味を表す語尾でも「見る」と「飲む」とでは少しずつ形が異なっている．

　では，次に，上に示した日本語の例をそっくりモンゴル語に置き換えてみます．日本語とモンゴル語の類似点と相違点を確認しましょう．

*（　）の中の文字は，つなぎの文字です．
［　］は可能な発音を示しています

《現在・未来》	үз-нэ ウズ ン ［ネ］	見る	уу-на オー ン ［ナ］	飲む
《過去》	үз-сэн ウズ スン	見た	уу-сан オー スン	飲んだ
《現在進行》	үз-(э)ж байна ウゼ ジ バェン	見ている	уу-ж байна オー ジ バェン	飲んでいる
《疑問》	үз-(э)-х үү? ウゼ ホー	見るか	уу-х уу? オー ホー	飲むか
《否定》	үз-(э)-х-гүй ウゼ ホ グイ	見ない	уу-х-гүй オー ホ グイ	飲まない
《意志》	үз-(ь)-е ウズ イー ウズ イェー	見よう	уу-я オー イ オー ヤー	飲もう
《仮定》	үз-вэл ウズ ウェル	見れば	уу-вал オー ワル	飲めば

　日本語の語幹 mi-（「見-」）に相当するのが үз-［ウズ］の部分であり，nom-（「飲m-」）にあたるのが уу-［オー］であることがわかります．

　では語尾のほうはどうでしょうか．《現在・未来》の語尾は，モンゴル語では，-нэ と-на です．母音の部分が э から а に交替しています．

　同様に，《過去》では，-сэн と-сан，《仮定》では-вэл と-вал となります．《意志》の語尾には，-е と-я が書かれていますが，е は，［ヤ行子音＋母音 э］を表し，я は，［ヤ行子音＋母音 а］を表すので，他のものと同じ母音交替をしていることになります．

үз-［ウズ］のように語幹にү［ウ］があると，語尾にэ［エ］が現れ，уу-［オー］のように語幹にу［オ］があると語尾にa［ア］が現れるのです．

このようにモンゴル語では，動詞の語幹に含まれる母音の種類に応じて，語尾に含まれる母音が交替するという現象があります．

語幹に含まれる母音の種類と語尾に含まれる母音の種類との間には一定の関係があります．ここでモンゴル語の母音調和の法則が必要不可欠の知識となります．これは，動詞の語尾だけでなく，《テニヲハ》にあたる語尾や，数詞に付く語尾，さらにはある種の終助詞等々の形を決めるのにも関わってくる極めて重要な法則です．

母音調和の法則

要点は次の(イ)と(ロ)によって示されます．

(イ)モンゴル語の母音は，男性母音・女性母音・中性母音の3つのグループに分けられる．

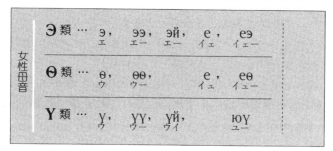

中性母音 **И**類 … **и**,　**ий**
　　　　　　　　　　イ　　イー

㈰　男性母音と女性母音は，一つの単語の中に，共存することができない．中
　　性母音はどちらとも共存できる．

というものです．そして，男性母音を含む単語を「男性語」と呼びます．

харандаа	Монгол	халуун	дулаан (дулаахан)
ハランダー	モンゴル	ハローン	ドラーン　　ドラーハン
鉛筆	モンゴル	暑い	暖かい

女性母音を含む単語，および中性母音しかもたない単語は「女性語」と呼び
ます．

сэрээ	θнθθдθр	хүйтэн	жил	миний
セレー	ウヌードゥル	フイトゥン	ジル	ミニー
フォーク	今日	寒い	年	わたしの

■■■ 4つの母音交替形をもつ語尾 ■■■

　　動詞の語尾や《テニヲハ》の語尾の中には，a，o，э，θの4母音の交替形
をもつものが少なくありません．「～(し)た」にあたる動詞語尾もその仲間で
す．үзсэн [ウズ スン] (見た)の-сэн [セン→スン] と，уусан [オー スン] (飲んだ)の-
сан [サン→スン] の他にも-сон [ソン→スン] と-сан [スン] と書かれる交替形がある
のです．

　　一般に，交替形が4つある場合，その4種類の母音の現れ方には次のような
規則があります．

зуун арван нэг　　**111**
ゾーン アルワン ネグ

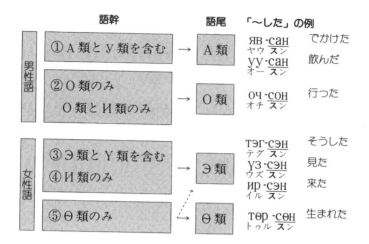

*⑤の点線の矢印は，語尾によっては，ө
をもつ交替形がないことを示す．
例： ӨВГӨН-ТЭЙ　おじいさんと
　　　オウゴン　テー

　上の例のように，同じはたらきをする語尾に4つの交替形があるときは，それらをaをもつ形で代表させて，例えば，-сан⁴のように表示します．すなわち，

　　-сан⁴＝-сан/-сон/-сэн/-сөн

となります．

語末に「隠れた н [エヌ]」をもつ単語

モンゴル語の辞書で名詞(数詞・疑問詞を含む)を見ると,

аяга (н) 茶椀　　　долоо (н) 七
アヤガ(ン)　　　　　　ドロー(ン)

хонь (н) 羊　　　мах (ан) 肉
ホニ(ン)　　　　　　　マハ(ン)

юу (н) 何
ヨー(ン)

のように,末尾の( )に н [エヌ] が表示されているものがあります. これは,
その単語が文脈によって н のない形になったり н のある形になったりすること
を示しています. この н を「隠れた н [エヌ]」と呼びます.

　上の「肉」の例のように,н のない形が子音で終わる場合は н の前に母音が
入ります.

　н の付いた形が使われるのは,次の場合です.

イ）　 名詞① -н ＋ 名詞②

　　　名詞①が,後ろに来る名詞②の修飾語となるとき.

　　　мах авъя　　肉を買いましょう. ／肉を下さい.
　　　マハ アウヤー

　　　мах 肉 ⟶ махан хоол 肉料理
　　　マハ　　　　マハン　ホール

ロ）　 名詞 -н ＋ 《テニヲハ》の語尾

　　　ただし,《テニヲハ》の全部ではなくて,一部の《テニヲハ》が付く
　　　ときに限られます.

　　　Тэр юу вэ?　　⟶　Юунд дуртай вэ?
　　　テル ヨー ウェー　　　ヨーンド ドルタェ ウェー

　　　あれは 何 ですか.　　　何に 好みがあるか.
　　　　　　　　　　　　　　　＝何が好きですか.

зуун арван гурав　113
ゾーン アルワン ゴロウ

数詞

数詞は，すべて「隠れた н [エヌ]」をもっています．(「0」の тэг [テグ] と「百万」の сая [サイ] は例外) つまり，「1・2・3・4〜」には，末尾に н が付いた形と付かない形とがあって，それを区別して用いなければならないのです．

	(-н なし)	(-н 付き)		(-н なし)	(-н 付き)
1	нэг ネグ	нэгэн ネゲン	21	хорин нэг ホリン ネグ	хорин нэгэн ホリン ネゲン
2	хоёр ホヨル	(хоёрон) ホヨロン	22	хорин хоёр ホリン ホヨル	(хорин хоёрон) ホリン ホヨロン
3	гурав ゴロウ	гурван ゴルワン	⋮	⋮	⋮
4	дөрөв ドゥルウ	дөрвөн ドゥルウン	30	гуч ゴチ	гучин ゴチン
5	тав タウ	таван タワン	31	гучин нэг ゴチン ネグ	гучин нэгэн ゴチン ネゲン
6	зургаа ゾルガー	зургаан ゾルガーン	⋮	⋮	⋮
7	долоо ドロー	долоон ドローン	40	дөч ドゥチ	дөчин ドゥチン
8	найм ナェム	найман ナェマン	⋮	⋮	⋮
9	ес イュス	есөн イュスン	50	тавь タゥィ	тавин タゥィン
10	арав アラウ	арван アルワン	60	жар ジャル	жаран ジャラン
11	арван нэг アルワン ネグ	арван нэгэн アルワン ネゲン	70	дал ダル	далан ダラン
12	арван хоёр アルワン ホヨル	(арван хоёрон) アルワン ホヨロン	80	ная ナイ	наян ナイン
⋮	⋮	⋮	90	ер イェル	ерэн イェルン
20	хорь ホリ	хорин ホリン	100	зуу ゾー	зуун ゾーン

114　зуун арван дөрөв
ゾーン アルワン ドゥルウ

200	хоёр зуу ホヨル ゾー	хоёр зуун ホヨル ゾーン
300	гурван зуу ゴルワン ゾー	гурван зуун ゴルワン ゾーン
500	таван зуу タワン ゾー	таван зуун タワン ゾーン
1000	мянга ミャンガ	мянган ミャンガン
1500	мянга таван зуу ミャンガ タワン ゾー	мянга таван зуун ミャンガ タワン ゾーン
2000	хоёр мянга ホヨル ミャンガ	хоёр мянган ホヨル ミャンガン

"-н なし数詞" と "-н 付き数詞" の使い分けの原則

(イ) 数を単独で，1，2，3…と唱えるときは，"-н なし数詞" を用いる．

(ロ) 「～月～日」（日付の表現）の「～日」を表す数字は全て "-н 付き数詞" を用いる．「日」にあたる өдөр [ウドゥル] という語は，省略されることが多い．

> Өнөөдөр нэгэн. 今日は，1日です．
> ウヌードゥル ネゲン

(ハ) 「～цаг [ツァク]（～時）」，「～хүн [フン]（～人）」，「～он [オン]（～年)」，「～төгрөг [トゥグルグ]（～トゥグリグ／お金の単位)」，「～жил [ジル]（～年間)」「～сар [サル]（～カ月)」などのように，後ろに数量詞が来る場合は，「1」および，一の位に「2」をもつもの（すなわち，「2」「12」「22」…を除いてすべて，"-н 付き" の方を用いる．

долоон цаг 7時　　　　хоёр хүн 2人

хоёр мянган он 2000年　　хоёрмянга нэгэн он 2001年

тавин төгрөг 50トゥグリグ　зуун жил 100年間

❖ 序数詞「〜番目の」の言い方 ❖

「〜番目(の)」を表す語尾には2通りあります．

①, ②共に，母音調和による交替形をもちます．数詞が男性語の場合は左側の方を，女性語のときは右側の方を付けます．①は曜日の表現に用いられ(20課)，②は(カレンダーの)月の名に用いられます．

	月　名	すべて「〜番目の月」という言い方です．	
1月	нэгдүгээр сар ネグドゥゲール サル	7月	долдугаар сар ドルドガール サル
2月	хоёрдугаар сар ホヨルドガール サル	8月	наймдугаар сар ナェムドガール サル
3月	гуравдугаар сар ゴロウドガール サル	9月	есдүгээр сар イュスドゥゲール サル
4月	дөрөвдүгээр сар ドゥルウドゥゲール サル	10月	аравдугаар сар アラウドガール サル
5月	тавдугаар сар グウドガール サル	11月	арван нэгдүгээр сар アルワン ネグドゥゲール サル
6月	зургадугаар сар ゾルガードガール サル	12月	арван хоёрдугаар сар アルワン ホヨルドガール サル

《テニヲハ》の語尾

モンゴル語のテニヲハは，日本語の場合と同様に名詞類の後ろに付きます．ただし，それぞれの語尾が母音調和などによる交替形をもっています．この点が日本語と違います．

以下，「《　》の語尾」のように表示します．《　》内は，その語尾の代表的な用法に対応する日本語訳です．その他のものも含めて本書に出てくる用法を，「主な用法」として掲げておきました．

зуун арван зургаа
ゾーン アルワン ゾルガー

##〈1〉《～の》の語尾

テニヲハの語尾の中で交替形が最も多くあります。「隠れた н」をもつ語は、その н が現れた形に語尾が付きます。（⑤′）
(男：男性語　女：女性語　子：子音字　田：母音字)

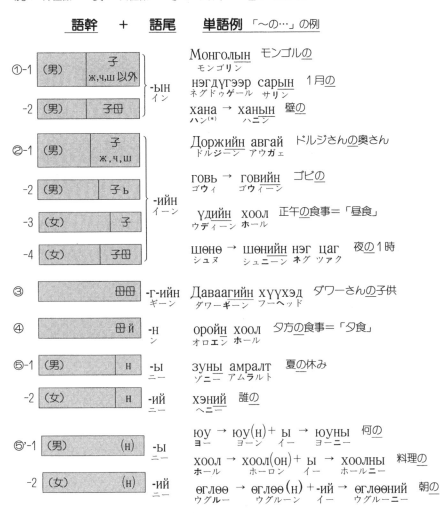

〈2〉《〜を》の語尾 〔他動詞の目的語に付く語尾〕

① -ыг / -ийг ② -г の交替形があります。
　　イーグ　イーグ　　グ

[主な用法]「〜を(…する)」、「(馬)に(乗る)」

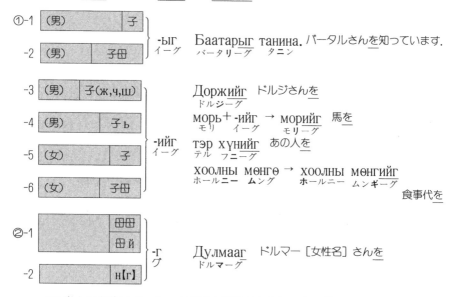

*日本人の名前に「〜を」の語尾を付けるときは、上の②-1 に従います。

　　Накада-г　ナカダさんを
　　ナカダグ

*固有名詞が目的語になるときは、必ず、「〜を」の語尾を付けます。(энэ(この)やтэр(あの)などの語を伴っていると、「〜を」の語尾が付くことが多いのです) 一般の名詞の場合は、この語尾を付けないこともあります。

　　Кино__ үзье.　　　　　映画を見よう。
　　キノ　　ウズィー

　　Энэ киног үзье.　　　この映画を見よう。
　　エネ キノーグ ウズィー

　　Морь__ уная.　　　　　馬に乗ろう。
　　モリ　　オニイ

　　Энэ морийг уная.　　この馬に乗ろう。
　　エネ モーリーグ オニイ

зуун арван· найм
ゾーン アルワン ナェム

〈3〉《〜に》の語尾 〔空間や時間の点を表す〕

①-д [ド], ②-т [ト] の2つの交替形があります.
「隠れた н」をもつ語は, その н が現れた形に-д が付きます(重要点!). →
下表の①'

[主な用法] 「(〜の場所)に(ある, いる)」, 「(〜の場所)で(…する)」, 「(〜の時)
に(…する)」, 「(人)に(…をあげる)」など

語幹 ＋ 語尾 単語例;「〜д/〜т＋動詞」の例

① [　　　　子] -д
　　　　　　　ド

Монголд ирсэн. モンゴルに来た.
モンゴルド イルスン

Японд байна. 日本にある.
ヤポンド バェン

Хоёрдугаар сард ирнэ. 2月に来る.
ホョルドガール サルド イルン

Накада-д барья. 中田さんにさしあげよう.
ナカダド バリイ

①' [　　　　(н)] -д
　　　　　　　ド

Хонины маханд дуртай.
ホンニー マハンド ドルタェ
　　　　　羊の肉に好みあり＝「羊肉が好きです.」

Кинонд явъя. 映画に行こう.
キノンド ヤウヤー

② [　　　　г] -т
　　　　　 [р]
　　　　　 [с]

Хоёр цагт ирээрэй. 2時に来るように.
ホョル ツァグト イレーレー

Эмнэлэгт очъё. 病院に行こう.
エムネレグト オチョイ

Улаанбаатарт байна. ウランバートルにいる.
オラーンバータルト バェン

Тав хагаст эхэлнэ 5時半に始まる.
タウ ハガスト エヘルン

*г で終わる語には必ず-т を付けます. р や с で終わる語には, -д を付けるも
のと-т を付けるものがあります.

Монгол улсад モンゴル国に／で
モンゴル オルサッド
　　　　　　(улс [オルス]「国」, -a-はつなぎの母音)

зуун арван ес
ゾーン アルワン イュス
119

〈4〉《〜から》の語尾 {場所や時間の起点を表す}

　　□ -aac⁴の形．母音調和による 4 つの交替形，-aac [アース]/-ooc [オース]/-ээс [エース]/-өөc [ウース] があります．「隠れた н(エ ヌ)」をもつ語は，その н が現れた形に-aac⁴が付きます(重要点！)．

　[主な用法]　「(〜の場所)から(出る・来る)」，「(〜の時点)から(始まる)」，「(人)に(たずねる・聞く)」，「(比較すると)〜より(…だ)」，「(比較すると)〜とは(異なる)」(2 課のポイントのページも見て下さい)

оройн зургаан цагаас
オロエン　ゾルガーン　ツァガース
夕方の 6 時から

Эндээс гаръя.
エンデース　ガライ
ここから出よう.

Доржоос асууя.
ドルジョーズ　アソーイ
ドルジさんに聞こう.

Үүнээс хямдхан байна уу?
ウーネーズ　ヒャムドハン　バェノー
これより安いのはありますか.

〈5〉《〜まで》の言い方

　　□ ＋хүртэлの形．この хүртэл は，純粋なテニヲハの語尾ではありません．動詞の хүр-(至る)に，「(〜する)まで」を意味する動詞連用語尾の-тэл が付いたものです．「至るまで」が文字通りの意味ですが，この形全体を日本語の「まで」と同じように使います．

　[用例]　Шуудан хүртэл хэдэн минут явах вэ?
　　　　　ショーダン フルテル ヘドゥン ミノート ヤワッホ ウェー

　　　　　郵便局　　まで　　何　　　分　　かかります　か.

　　　　　Хэдэн цаг хүртэл энд байх вэ?
　　　　　ヘドゥン ツァク フルテル エンド バェホ ウェー

　　　　　何　　時　　まで ここに います　か.

〈6〉《〜で》の語尾 {手段や方法を表す}

　　□ -aap⁴の形．母音調和による 4 つの交替形-aap [アール]/-oop [オール]/

-ээр [エール]/-өөр [ウール] があります.

　長母音か二重母音で終わる単語の場合は，つなぎの子音-г- [グ] が間に入って，ꪡ-гаар⁴ の形になります. 用法の多い語尾です.
　　　　　ガール

[主な用法]　「(～の道具や手段)で(…する)」「(～の期間)に(…する)」，「(道)を(通る)」，「(広がりのある空間)を(歩き回る)」，「(人)に(～してもらう)」，「～のままに」(9課のポイントのページも見て下さい.)

[用例]　Юугаар бичих вэ ?　　　　何で書きましょうか.
　　　　ヨーガール　ビチホ　ウェー

　　　　Монгол хэлээр ярья.　　　モンゴル語で話しましょう.
　　　　モンゴル　ヘレール　ヤリイ

　　　　Харандаагаар бичих үү ?　鉛筆で書こうか.
　　　　ハランダーガール　　ビチホー

　　　　цагаан сараар　　　　　　　お正月に
　　　　ツァガーン　サラール

　　　　Энэ замаар явъя.　　　　　この道を歩こう. [8課]
　　　　エネ　ザマール　ヤウァイ

　　　　Тал нутгаар явна.　　　　　草原地方を旅行します. [18課]
　　　　タル　ノトガール　ヤウン

　　　　Танаар монгол хэл заалгая.　あなたにモンゴル語を教えてもらおう.
　　　　タナール　モンゴル　ヘル　ザールガイ　　[12課]

　　　　чигээрээ явъя.　　　　　　　まっすぐ進もう.（方向 чиг [チグ]
　　　　チゲーレー　ヤウァイ　　　　　　　～のままに-ээр）[8課]

〈7〉 《～と(いっしょに)》の語尾

　ꪡ-тай³ という形です. この語尾の母音交替形は-тай [タエ] と-той [トエ] と-тэй [テー] の3つです(-төй [トゥイ] の形はふつう使われません).

[主な用法]　「(人)と(いっしょに…する)」，「(人)に／と(会う)」，「～と(同じ)」，「～に／と(似ている)」

[用例]　Оюунтай хамт явъя.　　　　オヨンさんといっしょに行こう.
　　　　オヨンタエ　ハムト　ヤウァイ

　　　　Маргааш Доржтой уулзана.　あすドルジさんと会う.
　　　　マルガーシ　ドルジトエ　オールザン

зуун хорин нэг　121
ゾーン　ホリン　ネグ

Чи тэр хүнтэй их адилхан байна. きみはあの人によく似ている.
チー テル フンテー イヘ アディルハン バェン

指示詞

　日本語には「これ・それ・あれ」の3つがありますが，モンゴル語の指示詞は энэ [エネ] と тэр [テル] の2つだけです．またモンゴル語の場合，энэ хүн [エネ フン]（この人），тэр хүн [テル フン]（あの人）のように，後ろの名詞を修飾するときも энэ や тэр の形のままです．

　энэ と тэр の，テニヲハの変化形のうち，《～を》の形と，《～から》の形を下の表に示しておきます．

энэ エネ	これ／この～	үүнийг ウーニーグ энийг エニーグ	} これを	үүнээс ウーネース энэнээс エンネース	} これから （より）
тэр テル	{ それ／その～ { あれ／あの～	түүнийг トゥーニーグ тэрийг テリーグ	} それを } あれを	түүнээс トゥーネース тэрнээс テルネース	{ それから （より） あれから （より）

　《～を》と《～から》の欄には，それぞれ2つの形が書いてありますが，上の方が本来のもので，下の方が話しことば専用の形です．

　　*日本語の「それ」にあたる表現は，тэр の他に，наадах чинь [ナーダッハ チン] という形も，相手が手に持っている物を指して話しことばでよく用いられます．наадах чинь юу вэ? [ナーダッハ チン ヨー ウェー]（それは何ですか？）

人称詞

　1人称単数と2人称単数の代名詞について，その基本形と変化形を示します．（3課のポイントのページにも関連事項があります．）

122 зуун хорин хоёр
ゾーン ホリン ホヨル

	1人称		2人称			
			親称		尊称	
基本形	би ビー	私 (は／が)	чи チー	きみ	та ター	あなた
《～の》の形	миний ミニー	私の	чиний チニー	きみの	таны タニー	あなたの
《～を》の形	намайг ナマェグ	私を	чамайг チャマェグ	きみを	таныг タニーグ	あなたを
《～に》の形	надад ナダド	私に	чамд チャムド	きみに	танд タンド	あなたに
《～から》の形	надаас ナダース	私から	чамаас チャマース	きみから	танаас タナース	あなた から
《～によって》の形	надаар ナダール	私に よって	чамаар チャマール	きみに よって	танаар タナール	あなたに よって
《～と》の形	надтай ナドタェ	私と	чамтай チャムタェ	きみと	тантай タンタェ	あなたと

　各々の変化形にそった日本語訳は，あくまでも代表的な訳で，具体的な文脈に入ると別のテニヲハが相当することもあります．（116 ページ「《テニヲハ》の語尾」を見てください．）

　「彼」や「彼女」を表す 3 人称には，指示詞の"тэр［テル］（あれ）"を使います．

　男女の別をはっきりさせたいときは，次のように言います．

тэр эрэгтэй　あの男性　　тэр эмэгтэй　あの女性
テル エレグテー　　　　　　テル エメグテー

■ 《～有り》を表す語尾-тай³［タェ］

《～無し》を表す語尾-гүй［グイ］

завтай　暇だ，暇がある ＝ зав（暇）＋ -тай
ザウタェ

завгүй　忙しい，暇がない ＝ зав（暇）＋ -гүй
ザウグイ

　この例のように，-тай と-гүй は，名詞に付いて形容詞（または形容詞相当語）

зуун хорин гурав　**123**
ゾーン ホリン ゴロウ

を新しく作る語尾です．名詞の後ろに付くのは，テニヲハの語尾と同じですが，はたらきが異なります．

　特に，-тай³の方は，テニヲハの中の《～と（いっしょに）》の語尾-тай³（= тай［タェ］/ -той［トェ］/ тэй［テー］）と同じ形をしていて混同しやすいのですが，同音異義と考えてください．

　また，-тай³の日本語訳には，「～がある，～をもつ」のように動詞が使われることがありますが，これは日本語の中に-тай³に相当する語尾がないためです．本書には次のような語が出てきます．

$$
\begin{cases}
\text{дуртай} \quad 好き \;=\; \text{дур}(好み) \;+\; \text{-тай}(\sim をもつ) \\
\quad\text{ドルタェ} \qquad\qquad\quad \text{ドル} \qquad\qquad\quad\text{タェ} \\
\text{дургүй} \quad きらい \;=\; \text{дур}(好み) \;+\; \text{-гүй}(\sim なし) \\
\quad\text{ドルグイ} \qquad\qquad\quad \text{ドル} \qquad\qquad\quad\text{グイ}
\end{cases}
$$

$$
\begin{cases}
\text{хэрэгтэй} \quad 必要だ \;=\; \text{хэрэг}(必要) \;+\; \text{-тэй}(\sim がある) \\
\quad\text{ヘレグテー} \qquad\qquad\qquad \text{ヘレグ} \qquad\qquad\quad\text{テー} \\
\text{хэрэггүй} \quad 必要ない \;=\; \text{хэрэг}(必要) \;+\; \text{-гүй}(\sim なし) \\
\quad\text{ヘレググイ} \qquad\qquad\qquad \text{ヘレグ} \qquad\qquad\quad\text{グイ}
\end{cases}
$$

［数詞］＋настай　　～歳である（15 課参照）
　　　　　　　ナスタェ

настай＝нас（年齢）+ -тай（～をもつ）
　　　　　　ナス　　　　　　　タェ

баяртай　うれしい ＝ баяр（喜び）+ -тай（～をもつ）
バヤルタェ　　　　　　　　バヤル　　　　　　タェ

▨▨ 動詞の語尾 ▨▨

　本書に出てくる語尾を，終止用法のもの，連用用法のもの，連体用法のもの，の 3 つに分けて一覧表にすると次のようになります．
　{-на⁴などの「4」は，母音の交替形が 4 つあることを示す}

❖終止用法の語尾❖

語幹＋語尾		単語例
1）▢ -на⁴	「～（す）る」〈現在・未来〉	очно　行く
		オチノ

124　зуун хорин дөрөв
　　　　ゾーン ホリン ドゥルウ

2) ☐ -сан⁴ 「～(し)た」〈過去〉 ирсэн 来た
　　　　　　　　　　　　　　　　イルスン

3) ☐ -лаа⁴ ①「～(し)た」〈近い過去〉 баярлалаа 喜んだ
　　　　　　　　　　　　　　　　バイラルラー

　　　　　　②「～(す)る」〈近い未来〉 явлаа （もう）帰る
　　　　　　　　　　　　　　　　ヤウラー

4) ☐ -даг⁴ 「～(す)る／～(し)ている」 ирдэг （いつも）来る
　　　　　　〈習慣・恒常性〉 イルデク

5) ☐ -аа⁴ →本書では，下の8)と，бай-г-аа（いる）［13課］のみ
　　　　　　　　　　　　　　　　バェガー

6) ☐ -х（уу²?）｝ 「～(す)る（か?）」 үзэх үү? 見るか
　　　　　　　　　　　　　　　ウズホー

　 ☐ -х（вэ?）｝〈未来（疑問）〉 хэзээ ирэх вэ? いつ，来るか
　　　　　　　　　　　　　　　ヘゼー イレホ ウェー

7) ☐ -х・гүй 「～(し)ない」 үзэхгүй 見ない
　　　　　　　　　　　　　　　ウゼホグイ

8) ☐ аа・гүй⁴ 「(まだ)～(し)ていない」 эхлээгүй 始まっていない
　　　　　　　　　　　　　　　エヒレーグイ

　　　　　　「～(し)なかった」 ирээгүй 来ていない／来なかった
　　　　　　　　　　　　　　　イレーグイ

9) ☐ -я³ 「～(し)よう」 авъя 買おう
　　　　　　　　　　　　　　　アウヤー／アウァイ

10) ☐ -аарай⁴ 「～するように／ ирээрэй 来るように
　　　　　　～してください」〈指図〉 イレーレー

11) ☐ 「～せよ」〈命令〉 тэг そうしなさい
　　　　　　　　　　　　　　　テグ

＊4)の文例：
　Намайг Дорж гэдэг.（私を　ドルジ　という＝「私はドルジと申します」）
　ナマェグ　ドルジ　ゲデグ
　一般に広く使われる自己紹介表現（関連：p.19）.
　намайг は p.123 の表，動詞 гэ- は p.65 参照.

＊6)の-х は，疑問の終助詞 уу［オー］?／үү［ウー］? あるいは вэ［ウェー］?
（疑問詞があるとき）が必ず後ろに来る.

＊7)と8)は，否定の接尾辞-гүй［グイ］（ない）が付いた形.

＊9)の-я³は，-я［ヤー］と-ё［ヨー］と-е［イェー／イュー］の交替形をもつ. つづ
りの約束で，軟音符の ь や，硬音符の ъ が入って，-ья/-ъё/-ье となること
がある.

ゾーン ホリン タウ
зуун хорин тав　125

❖連用用法の語尾❖

1) ▭-ж   「〜(し)て」   юу хийж байна ?
   ジ   ヨー ヒージ バェン

   (-ч)   「   〃   」   何をしているか
   チ

2) ▭-аад⁴   「〜(し)て/〜(し)てから」〈継起/継続〉

                                      очоод ирнэ   行って来る
                                      オチョード イルン

3) ▭-вал⁴   「〜すれば」〈仮定〉

                                      тэгвэл   そうすれば，それなら
                                      テグヴェル

4) ▭-маар⁴(байна)「〜したく(ある)」 ⇨ 「〜したいです」〈希望〉

                                      үзмээр байна   見たい
                                      ウズメール バェン

  ＊1)の-ч は-ж の交替形．
   1)の用法は次の構文を参照のこと．

❖連体用法の語尾❖

1) ▭-х...   「〜する…」   ирэх жил
                                    イレホ ジル

                                      来る年→来年

2) ▭-сан⁴... 「〜した…」   өнгөрсөн жил
                                    ウングルスン ジル

                                      過ぎた年→去年

3) ▭-даг⁴... 「(恒常的に)〜する…」   〜гэдэг кино
                                     ゲデグ キノー

                                      〜という映画

《主語に関係付ける》語尾 -aa⁴［アー］

*-aa⁴は母音調和の交替形-aa［アー］/ -oo［オー］/ -ээ［エー］/ -өө［ウー］を示す.

（1）文の主語以外の位置にある名詞（類）にこの語尾を付けて，主語との間に意味の連関があることを示します.

　具体的には：

　　その名詞（類）で表される <u>人・もの・こと</u> が，主語で表される <u>人（など）</u> にとっての「自分の…」であることを示します.

　　なお，「自分の…」とは，その時点でかかわりのある<u>物や事や人</u>を広く指します.

（2）原則として《テニヲハの語尾》の後ろに付きます.

（3）"名詞（類）"とは，動詞の目的語や補語に用いられる名詞あるいは名詞相当語のことです.

① (p.85)
Та нутагтаа очих уу? (~ буцах уу?)　　　あなたは帰郷されますか？
ター ノタグ**タ**ー オチ**ホ**ー ボツァホー

「(主語 Та にとっての) <u>自分の地元に</u>」を нутаг-т-аа で表します.

② (p.84)
Би одоо гэртээ харья.　　　　　私，もううちに帰りましょう.
ビー オ**ド**ー ゲル**テ**ー ハリ**イ**

「(主語Биにとっての) <u>自分のうちに</u>」を гэр-т-ээ で表します.

③
Энд хаягаа бичнэ үү.　　　　　ここに住所をお書きください.
エンド ハイ**ガ**ー ビチ**ノ**ー

「(隠れた主語та にとっての) <u>自分の住所を</u>」を хаяг-аа で表します.
「〜を」に当たる本来の＜テニヲハの語尾＞ -ийг が省略されているので，見かけ上，-aa の語尾が「を」に対応します.

④ (p.66)
(Би) төрсөн өдрөө тэмдэглэнэ.　　　　私は誕生日を祝います.
ビー トゥル**ス**ン ウド**ゥ**ルー テムデグ**レ**ン

p.67 参照.③と同様に，"主語関係付け語尾"の -өө が見かけ上「を」にあたります.

⑤ (p.85)
Тантай уулзсандаа би баяртай байна.　　あなたに会えて嬉しいです.
タン**タ**ェ オールズ**ス**ンダー ビー バ**ヤ**ルタェ **バ**エン

「(あなたと)「<u>私自身が会ったことに</u> (私はうれしさあり)」を уулзсан-д-аа で表します.

ЗУУН ХОРИН ДОЛОО **127**
ゾーン ホリン ド ロー

基本的構文

❖「～は…だ」（名詞が述語の文）❖

～ … ．	～が／は，…だ．
～ …уу ？ ～ …вэ ？	～が／は，…か？
～ …биш．	～は，…ではない．

Би монгол хүн.
ビー モンゴル フン

わたしはモンゴル人です．

Та монгол хүн уу ？
ター モンゴル フ ノー

あなたはモンゴル人ですか

Би монгол хүн биш.
ビー モンゴル フン ビシ

わたしはモンゴル人ではありません．

❖「ある／いる」の表現❖ （動詞の бай- が「あ（る）／い（る）」を表す）

現在	～бай-на．	～が／は，ある．／いる．
	～бай-на уу ？	～が／は，あるか．／いるか．
	～бай-х-гүй．	～が／は，ない．／いない．

過去	～бай-сан．	～が／は，あった．／いた．
	～бай-сан уу ？*	～が／は，あったか．／いたか．
	～бай-г-аа-гүй．	～が／は，なかった．／いなかった．

「ない／いない」の語構成

> бай-х-гүй
> ア・ル（コト）・ナシ＝ない
> イ・ル（コト）・ナシ＝いない

*-х の語尾は「～スルコト」という名詞相当語になるので-гүй が付く．

*「なかった／いなかった」は бай-сан-гүй．の形も可能．байгаагүй のほうが一般的．

128　зуун хорин найм
ゾーン ホリン ナェム

❖「～は…ですね.」❖

「～は…だ」の構文に байна をそえると〈話し手が現時点でその事実を確認したこと〉を表します. байсан をそえると「…だった」になります.

～ …бай-на.	～は…だ!(ですね!)
～ …бай-сан.	～は…だった.

Өнөөдөл тэнгэр сайхан байна.
ウ**ヌ**ードゥル テン**ゲ**ル サェハン **バェ**ン
今日はいい天気ですね.

Өчигдөр их хүйтэн байсан.
ウチ**グ**ドゥル **イ**ヘ フイ**トゥ**ン バェ**ス**ン
きのうは, とても寒かった.

❖「～する/～しない」の言い方❖ 一般動詞による未来の出来事の表現

	[動詞語幹] -на⁴	～する
未来	[動詞語幹] -х уу² ?	～するか
	[動詞語幹] -х вэ?	
	[動詞語幹] -х-гүй	～しない

Би явна. わたし, でかけます.
ビー ヤ**ウ**ン

Та явах уу? あなたは, でかけますか.
ター ヤワ**ホ**ー

Хэзээ явах вэ? いつでかけますか.
ヘ**ゼ**ー ヤワホ ウェー

Би явахгүй. わたしは, でかけません.
ビー ヤワホ**グ**イ

一般動詞の〈過去〉の語形変化は, 上の бай- の場合に用いる語尾と同じです.

❖〈推量〉表現のいくつか❖

～байх аа.	～だろう.
～юм шиг байна.	～のようだ./～みたいだ.
～ж магадгүй.	～かもしれない.

Амжих байхаа.
アム**ジ**ッホ バェ**ハ**ー
間に合うでしょう.

Ханиад хүрсэн юм шиг
ハ**ニ**ヤード フル**ス**ン **ユ**ム **シ**グ
байна. かぜをひいたみたいです.
バェン

Тэр одоо гэртээ байж
テル オ**ド**ー ゲル**テ**ー バェ**ジ**
магадгүй.
マガド**グ**イ
彼は今うちにいるかもしれない.

зуун хорин ес
ゾーン ホ**リ**ン **イ**ュス

129

❖〈伝聞〉の表現❖

～гэнэ.	～（だ）そうだ

Тэр одоо гэртээ байхгүй гэнэ.
テル オドー ゲルテー バェホグイ ゲネ

彼はいまうちにいないそうです.

*гэнэ=「～という」が文字どおりの意味.

❖〈許可／可能／必要〉の表現❖

～-ж болно.	～してもよい. ～することができる.（外的条件が整って）	（10 課参照）
～-ж чадна.	～することができる.（能力／時間的余裕）	（16 課参照）
～-х хэрэгтэй.	～しなければならない. ～する必要がある.	（16 課参照）

❖〈依頼／指図〉の表現❖

～-на уу.	お～ください.／～してください. （丁重な依頼・勧誘）
～-ж өг-нө үү.	～してください. （依頼）
～-аарай.	～するように！／～してください.／ ～しなさい.（指図）
～ ～. 動詞語幹を繰り返す	どうぞ～してください.

цай ууна уу.
ツァェ オーノー

お茶をお飲みください.

Зооглоорой.
ゾーグローレー

召し上がれ！

тэг тэг.
テグ テグ

どうぞ.

130 зуун гуч
ゾーン ゴチ

ヴィジュアル
モンゴル語

бие
ビイ

・からだ

食器・ сав суулга

гэр ・ゲル

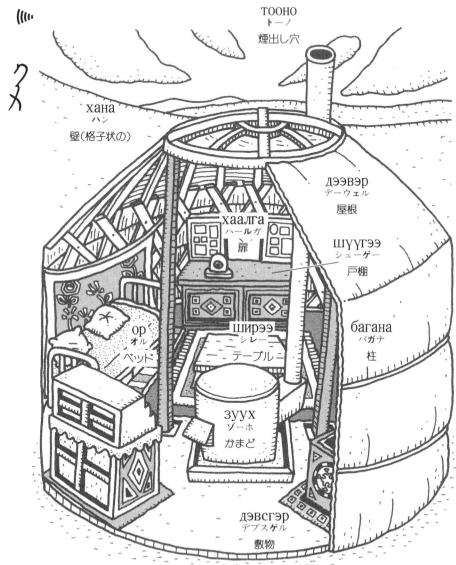

自然・**байгаль**
バイガリ

135

зуун гучин тав
ゾーン ゴチン タウ

ХОТ ДОТОР
ホト　ドトル

• 街の中

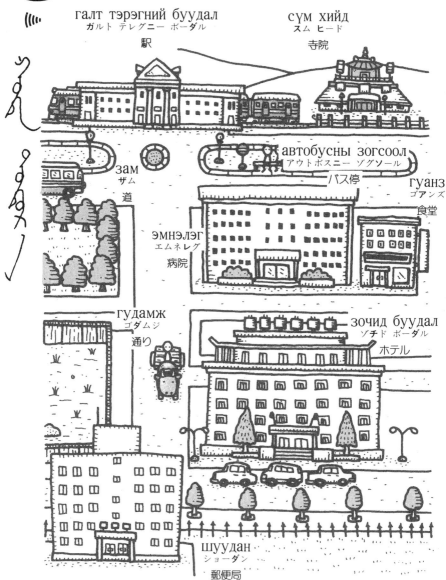

服装・хувцас хунар

зуун гучин долоо

ГЭРИЙН ХҮМҮҮС ・家族
ゲリーン　フムース

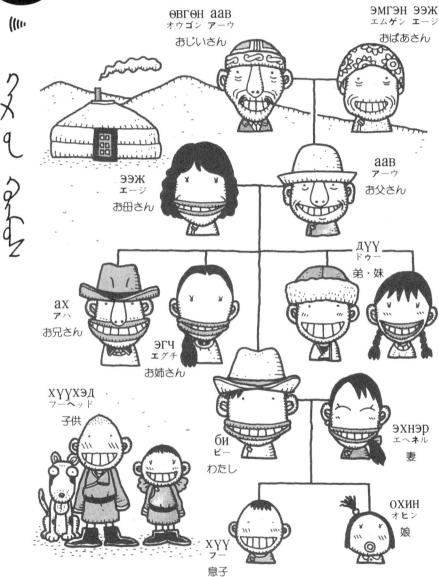

zuun guchin naim

日用品・ойр зуурын хэрэгцээний зүйлс
オエル ゾーリン ヘレグツェーニー ズィルス

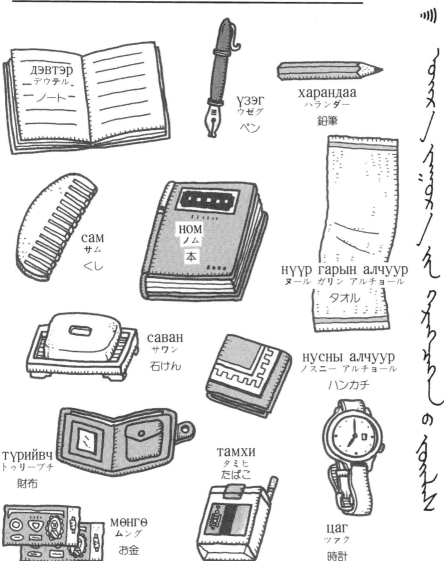

зуун гучин ес
ゾーン ゴチン イュス

INDEX

ЗУУН ДӨЧИН НЭГ
ゾーン ドゥチン ネグ

(動詞の表示方法について)
例:「飲(む) уу-(на) [オー(ン)]
モンゴル語は,語幹と語尾をハイフンで区切る.語尾はすべて,「現在・未来」の終止語尾 -на⁴ を ( ) に入れて示す.日本語の方も -на⁴ に対応する部分を ( ) に入れてある.

あ

ああ	aa [アー] 22, өө [ウー]		38
アイマグ	аймаг [アェマク]		86
アイラグ(馬乳酒)	айраг [アェラグ]		61
会(う)	уулз-а-(на) [オールズ(ン)]		24
合(う)	таар-(на) [タール(ン)]		54
秋	намар [ナマル]		87
(包みを)あけ(る)	задал-(на) [ザダル(ン)]		70
朝	өглөө [ウグルー]		33
足	хөл [ホル]		132
あした	маргааш [マルガーシ]		30
あそ(ぶ)	наад-(на) [ナーダ(ン)]		89
暖かい	дулаан [ドラーン]		111
頭	толгой [トルゴェ]		45
新しい	шинэ [シン]		54
暑い	халуун [ハローン]		111
あなた(目上に対して)	та [ター]		26
あなた	өөрөө [ウールー]		62
あなたと	тантай [タンタェ]		85
あなたに(たずねる)	танаас [タナース]		46
あなたに	танд [タンド]		46
あなたの	таны [タニー]		20
兄	ах [アハ]		49
姉	эгч [エグチ]		49
(年上の女性に対して)あのう	эгч ээ [エグチェー]		49
(年上の男性に対して)あのう	ах аа [アハー]		49
ありがとう	Баярлалаа. [バイラルラー]		2
ありますか	байна уу?		

		[バェノー]	8
あ(る)	бай-(на) [バェ(ン)]		8
歩いて	явганаар [ヤウガナール]		53
歩いて	явган [ヤウガン]		52
歩き回(る)	яв-(на) [ヤウ(ン)]		87
歩(く)	яв-(на) [ヤウ(ン)]		52
アルハンガイ(地名)	Архангай [アルハンガェ]		86
あれ	тэр [テル]		21

い

いいえ	үгүй [ウグィ]		5
いいです	болно [ボルン]		6
〈断るとき/許可するとき〉			
言(う)	хэл-(нэ) [ヘル(ン)]		48
行(く)	оч-(но) [オチ(ン)]		66
〈行きつく〉			
行(く)	яв-(на) [ヤウ(ン)]		42
〈進んで行く〉			
いくつ	хэд [ヘドゥ]		36
いくつ(を)	хэдийг [ヘディーグ]		56
いくらですか	Ямар үнэтэй вэ? [ヤマル ウンテー ウェー]		9
医師	эмч [エムチ]		44
忙しい	завгүй [ザウグィ]		32
いただけませんか	өгнө үү? [ウグヌー]		9
痛(む)	өвд-ө-(нө) [ウブドゥ(ン)]		45
至(る)	хүр-(нэ) [フル(ン)]		42
一番目の	нэгдэх [ネグデヒ]		97
いちばん〜	хамгийн [ハムギーン]		70
いつ	хэдийд [ヘディード]		94
いつ	хэзээ [ヘゼー]		11
一回も(〜ない)	нэг ч удаа (-гүй) [ネグ チ オダー 〜グィ]		90

142 зуун дөчин хоёр
ゾーン ドゥチン ホヨル

いっしょに	хамт ［ハムトゥ］	42
いなか	хөдөө ［ホドー］	88
犬	нохой ［ノホェ］	135
いま	одоо ［オドー］	28
いましがた	сая ［サイ］	38
妹	дүү ［ドゥー］	49
いらっしゃいますか	байгаа юу?	
	［バェガー ヨー］	68
いらっしゃ(る)		
	зочил-но ［ゾチル(ン)］	82
入口	үүд ［ウード］	98
い(る)	бай-(на) ［バェ(ン)］	28
祝(う)	тэмдэглэ-(нэ)	
	［テムデグレ(ン)］	66
飲食物	хүнсний зүйлс	
	［フンスニー ズィルス］	140

う

ウェイトレス	үйлчлэгч	
	［ウィルチレグチ］	49
(〜の) 上に	дээр ［デール］	104
受け取(る)	ав-(на) ［アウ(ン)］	73
後ろ	хойш ［ホェシ］	37
後ろ	хойт ［ホェト］	98
歌	дуу ［ドー］	80
うたう	дуул-(на) ［ドール(ン)］	80
うち	гэр ［ゲル］	84
(自分の) うちに	гэртээ ［ゲルテー］	84
馬	морь ［モリ］	90
馬に (乗る)	морийг ［モリーグ］	90
生まれ(る)	төр-(нө) ［トゥル(ン)］	67
ウランバートル	Улаанбаатар	
	［オラーンバータル］	25
うれしい	баяртай ［バヤルタェ］	82
運転手	жолооч ［ジョローチ］	49

え

映画	кино ［キノー］	30
映画館	кино театр	
	［キノー テアトル］	34
英語	англи хэл ［アングリ ヘル］	64

英雄	баатар ［バータル］	75
駅	буудал ［ボーダル］	52
駅	галт тэрэгний буудал	
	［ガルト テレグニー ボーダル］	136
鉛筆	харандаа ［ハランダー］	111

お

おいしい	сайхан ［サェハン］	26
大きい	том ［トム］	74
大きくな(る)	том бол-(но)	
	［トム ボル(ン)］	74
大阪	Осака , Оосака ［オーサカ］	25
お母さん	ээж ［エージ］	138
お金	мөнгө ［ムング］	118
奥さん	авгай ［アウガェ］	117
お元気で！	Сайн сууж байгаарай!	
	［サェン ソージ バェガーレー］	94
お元気ですか		
	Сайн сууж байна уу?	
	［サェン ソージ バェノー］	96
おじいさん (祖父)	өвгөн аав	
	［オウゴン アーウ］	138
おじいさん	өвгөн ［オウゴン］	112
教え(る)	заа-(на) ［ザー(ン)］	62
おでかけください		
	яваарай ［ヤワーレー］	94
お父さん	аав ［アーウ］	138
弟	дүү ［ドゥー］	49
(馬が) おとなしい	номхон	
	［ノムホン］	90
踊り	бүжиг ［ブジグ］	41
おなか	гэдэс ［ゲデス］	45
おばあさん (祖母)	эмгэн ээж	
	［エムゲン エージ］	138
おはようございます		
	Сайхан амарсан уу?	
	［サェハン アマルスノー］	84
オペラ	дуурь ［ドーリ］	41
おめでとう	Баяр хүргэе!	
	［バヤル フルゲイー］	70
思(う)	бод-(но) ［ボド(ン)］	62

зуун дөчин гурав
ゾーン ドゥチン ゴロウ

143

おもしろい (こと) сонин［ソニン］69

おやすみなさい

Сайхан амраарай.
［サェハン　アムラーレー］82

おやすみなさい

Сайхан нойрсоорой.
［サェハン　ノェルソーレー］84

オヨン (女性名) Оюун［オヨン］18

降り (る) буу-(на)［ボー (ン)］52

音楽 хөгжим［ホグジム］78

か

～か？ 　～ юу?［ヨー］21

～か？ 　～ бэ?［ベー］20

～か？ 　～ вэ?［ウェー］9

～か？ 　～ уу?［オー］3

～か？ 　～ үү?［ウー］21

～回 　～ удаа［オダー］90

快適です Сайхаан.［サェハーン］89

快適に сайхан［サェハン］89

会話 яриа［ヤリャー］18

買 (う) ав-(на)［アウ (ン)］50

帰 (る) буц-(на)［ボツァ (ン)］86
〈もどる〉

帰 (る) яв-(на)［ヤウ (ン)］82

帰 (る) хари-(на)［ハリ (ン)］84

鏡 толь［トリ］105

書 (く) бич-(нэ)［ビチ (ン)］77

学年 анги［アンギ］76
〈クラス〉

貸 (す) өг-(нө)［ウグ (ン)］73

風邪 ханиад［ハニャード］42

風邪をひく ханиад хүр-(нэ)
［ハニャード　フル (ン)］42

家族 гэрийн хүмүүс
［ゲリーン　フムース］138

肩 мөр［ムル］132

家畜 мал［マル］104

必ず заавал［ザーワル］78

かばん цүнх［ツゥンク］137

壁 хана［ハン］106

かまど зуух［ゾーホ］134

髪 үс［ウス］132

火曜日 хоёрдахь өдөр
［ホヨルダッヒ　ウドゥル］97

からだ бие［ビイ］42

借り (る) ав-(на)［アウ (ン)］73

川 гол［ゴル］135

(のどが) かわ (く) (ам) цанга-(на)
［(アム)　ツァンガ (ン)］45

変わった (こと) сонин［ソニン］69

～側に талд［タルド］98

完全な бүтэн［ブトゥン］97

き

黄色 шар［シャル］58

汽車 галт тэрэг［ガルト　テレグ］53

汽車で 　галт тэргээр
［ガルト　テルゲール］53

北 хойт зүг［ホェト　ズグ］98

切符 билет［ビレット］50

気に入る санаанд таар-(на)
［サナーンド　タール (ン)］85

きのう өчигдөр［ウチグドゥル］24

決まり ёс［ヨス］103

きみ чи［チー］29

きみの чиний［チニー］29

気持ち санаа［サナー］85

気持ちに санаанд［サナーンド］85

(牛) 乳 сүү［スー］61

キャンディー чихэр［チヘル］140

きょう өнөөдөр［ウヌードゥル］32

(～に) 興味がある сонирхлог
［ソニルホドグ］78

去年 өнгөрсөн жил
［ウングルスン　ジル］126

きらい дургүй［ドルグイ］60

着 (る) өмс-ө-(нө)［ウムス (ン)］57

きれいな гоё［ゴイ］107

気をつけておでかけください

Замдаа сайн яваарай.
［ザムダー　サェン　ヤワーレー］94

144 　зуун дөчин дөрөв
ゾーン　ドゥチン　ドゥルウ

| 金曜日 | тавдахь өдөр | |
| | ［タウダッヒ　ウドゥル］ | 97 |

く

くし	сам ［サム］	139
薬	эм ［エム］	44
(～を) ください～	авъя ［アウヤー］	8
くだもの	жимс ［ジムス］	140
口	ам ［アム］	132
靴	гутал ［ゴタル］	54
クッキー	боов ［ボーウ］	140
靴下	оймс ［オェムス］	137
国	улс ［オルス］	119
雲	үүл ［ウール］	104
首	хүзүү ［フズー］	137
来 (る)	ир-(нэ) ［イル (ン)］	22
くれ (る)	өг-(нө) ［ウグ (ン)］	73

け

劇	жүжиг ［ジュジグ］	41
けっこうです	болно ［ボルン］	6
月曜日	нэгдэх өдөр	
	［ネグデッヒ　ウドゥル］	94
煙出し穴	тооно ［トーノ］	134
ゲル	гэр ［ゲル］	134
県 (アイマグ)	аймаг ［アェマク］	86
元気で	сайн ［サェン］	94
元気です	Сайн сууж байна аа.	
	［サェン　ソージ　バェナー］	96
元気です	Сайн. ［サェン］	3
元気ですか	Сайн сууж байна уу?	
	［サェン　ソージ　バェノー］	96
元気ですか	Сайн байна уу?	
	［サェン　バェノー］	3
言語	хэл ［ヘル］	62

こ

皇帝 (ハーン)	хаан ［ハーン］	30
コーヒー	кофе ［コーフェ］	28
故郷に	нутагтаа ［ノタックター］	86
午後	үдээс хойш	

	［ウデース　ホェシ］	37
ここに	энд ［エンド］	52
こちら (は)	энэ ［エネ］	18
〈人を紹介するときに用いる〉		
コップ	шилэн аяга	
	［シレン　アヤガ］	133
ことば	хэл ［ヘル］	62
子供	хүүхэд ［フーヘッド］	138
五番目の	тавдахь ［タウダヒ］	97
ゴビ地帯	говь ［ゴウィ］	105
米	цагаан будаа	
	［ツァガーン　ボダー］	61
ごめんなさい	Уучлаарай.	
	［オーチラーレー］	2
これ	энэ ［エネ］	18
これを	үүнийг ［ウーニーグ］	8
こわいです	айж байна	
	［アェジ　バェン］	90
コンサート	концерт	
	［コンツェルト］	41
今度	дараа ［ダラー］	24
こんにちは	Сайн байна уу?	
	［サェン　バェノー］	3
こんにちは (答える人)		
	Сайн, сайн байна уу?	
	［サェン　サェン　バェノー］	18
こんにちは (二人以上の相手に)		
	Сайн байцгаана уу?	
	［サェン　バェツガーノー］	4
今晩	өнөө орой	
	［ウヌー　オロェ］	33

さ

さあ…	за ［ザー］	5
歳 (とし)	нас ［ナス］	75
歳 (をもつ), 歳の	настай	
	［ナスタェ］	74
最近	сая ［サイ］	22
財布	түрийвч ［トゥリーブチ］	139
魚	загас ［ザガス］	61
酒	архи ［アルヒ］	60

зуун дөчин тав

ゾーン　ドゥチン　タウ

145

さしあげ(る)バリ-(на)	[バリ(ン)]	70
砂糖	элсэн чихэр	
	[エルスン チヘル]	26
寒い	хүйтэн [フイトゥン]	111
寒が(る)	даар-(на) [ダール(ン)]	92
さようなら	Баяртай. [バヤルタェ]	4
皿	таваг [タワグ]	133
(～)さん	гуай [ゴワェ]	21
三番目の	гуравдахь	
	[ゴロウダヒ]	97

し

市	хот [ホト]	76
寺院	сүм хийд [スム ヒード]	136
塩	давс [ダウス]	140
敷物	дэвсгэр [デウスゲル]	134
時刻	цаг [ツァグ]	34
辞書	толь [トリ]	105
自然	байгаль [バイガリ]	135
～したいものです	-х юмсан	
	[ホ ユムサン]	78
～したいんですが	-маар байна	
	[マール バェン]	54
～したことがありますか		
	-ж үзсэн үү?	
	[ジ ウズスノー]	90
～したほうがいいですよ		
	-сан нь дээр ээ	
	[スン ヌ デーレー]	44
～していいですか		
	-ж болох уу?	
	[ジ ボルホー]	48
(まだ)～していない		
	-ээгүй [エーグイ]	39
～している		
	-ч байна [～チ バェン]	54,77
	-ж байна [～ジ バェン]	54,77
～してみませんか?	ж үзэхгүй юу?	
	[ジ ウズホグイ ヨー]	90
自転車	дугуй [ドゴイ]	101
自分で	өөрөө [ウールー]	64

～しましょうか	-х уу? [ホー]	31
じゃあ…	за [ザー]	4
シャツ	цамц [ツァムツ]	137
住所	хаяг [ハイグ]	127
ジュース	жимсний ундаа	
	[ジムスニー オンダー]	140
充分に	сайхан [サェハン]	83
～しよう	-я [ヤー／イ]	125
	-ъя [ヤー／イー]	125
	-ё [ヨー／イ]	125
	-ъё [ヨー／イー]	125
	-е [イェー／イ]	125
	-ье [イェー／イユー／イー]	125
～しようとする	-х гэ- [ホ ゲ]	94
正月	цагаан сар	
	[ツァガーン サル]	121
将棋	шатар [シャタル]	81
上手	сайн [サェン]	80
食事	хоол [ホール]	58
食堂	гуанз [ゴアンズ]	136
食器	сав суулга	
	[サウ ソールガ]	133
女性	эмэгтэй [エメグテー]	123
書類	бичиг [ビチグ]	105
知り合(う)	танилц-а-(на)	
	[タニルツ(ン)]	22
知(る), 知ってい(る)	мэд-(нэ)	
	[メドゥ(ン)]	64

す

睡眠す(る)	нойрс-о-(но)	
	[ノェルス(ン)]	84
水曜日	гуравдахь өдөр	
	[ゴロウダッヒ ウドゥル]	97
(たばこを)吸(う)	тат-(на)	
	[タタ(ン)]	57
スーテイ・ツァイ(ミルク・ティー)		
	сүүтэй цай	
	[スーテー ツァェ]	61
スープ	шөл [シュル]	140
好き	дуртай [ドルタェ]	58

146 **зуун дөчин зургаа**
ゾーン ドゥチン ゾルガー

(おなかが) す (く)		
	(гэдэс) өлс-ө-(нө)	
	[(ゲデス) ウルス (ン)]	45
すごく～だなあ	ямар ～ юм бэ!	
	[ヤマル ～ ユン ベー]	87
すてきな	гоё [ゴイ]	107
すばらしく	сайхан [サェハン]	22
スプーン	халбага [ハルバガ]	133
～すべきである	-х хэрэгтэй	
	[ホ ヘレクテー]	78
スポーツ	спорт [スポルト]	81
ズボン	өмд [ウムド]	137
すみません	Уучлаарай.	
	[オーチラーレー]	2
住 (む)	суу-(на) [ソー (ン)]	76
相撲	бөх [ボホ]	81
すもうとり	бөх [ボホ]	75
す (る)	хий-(нэ) [ヒー (ン)]	77
(習慣的に) ～する		
	-даг, -дог, -дөг, -дэг [ダグ]	65
～することができる	-ж чадна	
	[ジ チャドゥン]	65
～するつもりです	-х санаатай	
	[ホ サナータェ]	88
座 (る)	суу-(на) [ソー (ン)]	52

	せ	
石けん	саван [サワン]	139
ぜひ	заавал [ザーワル]	78
先生	багш [バクシ]	64
ぜんぜん	огт [オグト]	62
専門	мэргэжил [メルゲジル]	74

	そ	
草原	хээр тал [ヘール タル]	135
草原地方	тал нутаг	
	[タル ノタック]	86
そうしよう	тэгье [テギー]	58
そうす (る)	тэг-(нэ) [テグ (ン)]	58
そうすれば	тэгвэл [テグウェル]	42
そうです	Тиймээ. [ティーメー]	5

祖父	өвөө [ウヴー]	86
祖母	эмээ [エメー]	86
空	тэнгэр [テンゲル]	135
それなら	тэгвэл [テグウェル]	30
そろそろ	ингэсгээд	
	[インゲスゲード]	82

	た	
大丈夫	зүгээр [ズゲール]	42
大丈夫です	дажгүй [ダッジグイ]	90
太陽	нар [ナル]	135
タオル	нүүр гарын алчуур	
	[ヌール ガリン アルチョール]	139
～だから	～ учраас [オチラース]	90
タクシー	такси [タクスィー]	53
タクシーで	таксигаар	
	[タクスィーガール]	53
～だそうだ	～ гэнэ [ゲネ]	130
たずね (る)	асуу-(на) [アソー (ン)]	46
楽しい	сайхан [サェハン]	85
楽しく	сайхан [サェハン]	89
たばこ	тамхи [タミヒ]	57
旅す (る)	яв-(на) [ヤウ (ン)]	86
食べ (る)	ид-нэ [イデ (ン)]	60
だめです	болохгүй [ボルホグイ]	6
誰	хэн [ヘン]	11
～だろう	～ байхаа [バェハー]	34
誕生日	төрсөн өдөр	
	[トゥルスン ウドゥル]	66
男性	эрэгтэй [エレグテー]	123

	ち	
チェス	шатар [シャタル]	81
近い	ойрхон [オェルホン]	42
近い	ойр [オェル]	101
違います	Биш ээ. [ビシェー]	6
違う	Биш. [ビシ]	6
近く	хавь [ハウィ]	46
近くに	хавьд [ハウィッド]	46
チケット	билет [ビレット]	50
地方	хөдөө [ホドー]	88

ЗУУН ДӨЧИН ДОЛОО **147**
ゾーン ドゥチン ドロー

茶	цай［ツァェ］	26
茶碗	аяга［アヤガ］	133
中央	төв［トゥ］	98
中国	Хятад［ヒャタッド］	76
注文す（る）	захи-(на)［ザヒ（ン）］	58
ちょうど	яг［ヤグ］	103
ちょうどよかった	ашгүй［アッシグイ］	50
ちょっと	жаахан［ジャーハン］	44
ちょっと	арай［アラェ］	36
ちょっと〈時間的に短く〉	түр［トゥル］	94
チンギス・ハーン	Чингис хаан［チンギス ハーン］	30

つ

月	сар［サル］	135
次に	дараа［ダラー］	24
次の	дараагийн［ダラーギーン］	52
妻	эхнэр［エヘネル］	138

て

手	гар［ガル］	98
～で，～の上に	дээр［デール］	52
テーブル	ширээ［シレー］	134
デール (モンゴル服)	дээл［デール］	57
手紙	захиа［ザヒャー］	77
できる	чад-(на)［チャドゥ（ン）］	65
～でしたっけ	～ билээ?［ビレー］	74
～でしょう	～ байхаа［バェハー］	34
～ですか	～ мөн үү?［モヌー］	66
～ですかねえ	～ бол уу?［ボロー］	50
デパート	их дэлгүүр［イヘ デルグール］	50
～ではない	～ биш［ビシ］	80
手袋	бээлий［ベーリー］	137
でも	гэхдээ［ゲヘデー］	80
出(る)	гар-на［ガル(ン)］	120
テレビ	телевиз［テレヴィズ］	41
テレビ	зурагт［ゾラクト］	41
店員	худалдагч［ホダルダグチ］	49

電話	утас［オタス］	68
電話番号	утасны дугаар［オタスニー ドガール］	68

と

～と〈引用〉	～ гэж［ゲジ］	65
～という…	～ гэдэг…［ゲデク］	30
～と言(う)	～ гэж хэл-(нэ)［ゲジ ヘルン］	65
といっても	гэхдээ［ゲヘデ］	80
トイレ	бие засах газар［ビイ ザサホ ガザル］『体を整える所』	10
どういたしまして	зүгээр зүгээр［ズゲール ズゲール］	3
東京	Токио［トーキョー］	24
トゥグルグ(通貨)	төгрөг［トゥグルグ］	50
どうしたらいいか	яавал дээр вэ?［ヤーワル デール ウェー］	7
どうしましたか	яасан бэ?［ヤースン ベー］	44
どうしましょうか	яах вэ?［ヤーホ ウェー］	7
どうぞ(そうして下さい)	тэг тэг［テグ テグ］	46
道中	замдаа［ザムダー］	94
どうやって	яаж［ヤージ］	64
～と思っています	～ гэж бодож байна［ゲジ ボドジ バエン］	62
通り	гудамж［ゴダムジ］	48
時計	цаг［ツァク］	35
どこから	хаанаас［ハーナース］	22
どこで	хаана［ハーナ］	11
	хаа［ハー］	11
どこに	хаана［ハーナ］	11
	хаа［ハー］	10
都市	хот［ホト］	76
都市に	хотод［ホトッド］	76
土地	нутаг［ノタック］	87

途中	замдаа [ザムダー]	94
とても	их [イヘ]	26
とどけ (る)	хүргэ-(нэ)	
	[フルゲ(ン)]	71
整え (る)	зас-(на) [ザス(ン)]	10
戸棚	шүүгээ [シューゲー]	134
扉	хаалга [ハールガ]	134
土曜日	хагас сайн өдөр	
	[ハガス サェン ウドゥル]	97
鳥	шувуу [ショウォー]	135
西	баруун [バローン]	98
と (る)	ав-(на) [アウ(ン)]	58
ドルジ(男性名)	Дорж [ドルジ]	18
どれ	аль [アリ]	56
どれを	алийг [アリーグ]	56
どんな	ямар [ヤマル]	9

な

～なあ	～ дээ [デー]	70
ナーダム	наадам [ナーダム]	89
ナイフ	хутга [ホタガ]	133
長く	удаан [オダーン]	38
夏	зун [ゾン]	86
夏休み	зуны амралт	
	[ゾニー アムラルト]	88
夏をすご (す)	зус-(на) [ゾサ(ン)]	89
何	юу [ヨー]	11
～なので	～ учраас [オチラース]	90
なべ	тогоо [トゴー]	133
名前	нэр [ネル]	18
習 (う)	сур-(на) [ソル(ン)]	78
な (る)	бол-(но) [ボル(ン)]	36
慣れ (る)	дас-(на) [ダス(ン)]	92
何歳	хэдэн настай	
	[ヘドゥン ナスタェ]	74
何時	хэдэн цаг	
	[ヘドゥン ツァク]	34
何番目の	хэддэх [ヘッデヒ]	97
	хэддүгээр [ヘッドゥゲール]	76
何曜日	хэддэх өдөр	
	[ヘッデヒ ウドゥル]	97

に

似合 (う)	зохи-(но) [ゾヒ(ン)]	54
肉	мах [マハ]	58
肉料理	махан хоол	
	[マハン ホール]	58
日曜日	бүтэн сайн өдөр	
	[ブトゥン サェン ウドゥル]	97
似ている	адилхан [アディルハン]	122
二番目の	хоёрдахь	
	[ホヨルダヒ]	97
日本	Япон [ヤポン]	22

ね

～ね	дээ [デー]	70
値段	үнэ [ウン]	9
熱	халуун [ハローン]	44
眠 (る)	нойрс-о-(но)	
	[ノェルス(ン)]	84
年 (ねん)	жил [ジル]	62
～年	он [オン]	115

の

ノート	дэвтэр [デプテル]	105
～ので	～ учраас [オチラース]	90
飲み物	ундаа [オンダー]	61
飲 (む)	уу-(на) [オー(ン)]	26
(馬や自転車に) 乗 (る)	уна-(на)	
	[オナ(ン)]	90
(自動車やバスに) 乗 (る)		
	суу-(на) [ソー(ン)]	50

は

歯	шүд [シュド]	45
バータル (男性名)	Баатар	
	[バータル]	74
パーティー	үдэшлэг [ウデシレグ]	85
はい	за [ザー]	5
はい	тийм [ティーム]	5
入 (る)	ор-(но) [オル(ン)]	57
履 (く)	өмс-ө-(нө) [ウムス(ン)]	54

зуун дөчин ес
ゾーン ドゥチン イュス

149

箸	савх［サウハ］	133
始ま(る)	эхэл-(нэ)［エヘル(ン)］	37
はじめまして	Танилцъя.	
〈1対1の対面で〉	［タニルツィー］	18
場所	газар［ガザル］	10
柱	багана［バガナ］	134
バス	автобус［アウトボス］	50
バスで	автобусаар	
	［アウトボサール］	50
バス停	автобусны зогсоол	
	［アウトボスニー ゾグソール］	136
馬頭琴	морин хуур	
	［モリン ホール］	78
鼻	хамар［ハマル］	132
話(す)	яри-(на)［ヤリ(ン)］	64
馬乳酒	айраг［アェラグ］	58,61
遠い	хол［ホル］	104
春	хавар［ハワル］	87
パン	талх［タルハ］	8
ハンカチ	нусны алчуур	
	［ノスニー アルチョール］	139
番号	дугаар［ドガール］	68
半分	хагас［ハガス］	36

ひ

火	гал［ガル］	104
日	өдөр［ウドゥル］	97
ビール	пиво［ピヴォ］	61
ビール	шар айраг	
	［シャル アェラグ］	58
東	зүүн［ズーン］	98
弾く	дар-(на)［ダル(ン)］	78
飛行機	онгоц［オンゴツ］	53
飛行機で	онгоцоор	
	［オンゴツォール］	53
左	зүүн［ズーン］	98
羊	хонь［ホニ］	61
羊の肉	хонины мах	
	［ホンニー マハ］	61
必要だ	хэрэгтэй［ヘレクテー］	78
必要ない	хэрэггүй［ヘレッグイ］	80

ひと	хүн［フン］	118
ひとつ	нэг［ネグ］	56
ひとつ(を)	нэгийг［ネギーグ］	56
ひまだ，ひまな	завтай［ザウタェ］	30
百貨店	их дэлгүүр	
	［イヘ デルグール］	50
病院	эмнэлэг［エムネレグ］	42

ふ

フォーク	сэрээ［セレー］	133
服	дээл［デール］	57
服装	хувцас хунар	
	［ホブツァス ホナル］	137
無事に	сайн［サェン］	94
二人で	хоёулаа［ホョーラー］	41
不必要	хэрэггүй［ヘレッグイ］	80
冬	өвөл［ウブル］	87
フライパン	хайруул［ハェロール］	133
プレゼント	бэлэг［ベレグ］	72
分	минут［ミノート］	120

へ

平穏	тайван［タェワン］	69
ベッド	ор［オル］	134
ペン	үзэг［ウゼグ］	139
勉強す(る)	үз-(нэ)［ウズ(ン)］	62
	〈見る〉	
	сур-(на)［ソル(ン)］	64
	〈学ぶ，習得する〉	

ほ

ホーショール	хуушуур	
	［ホーショール］	140
方角，方向	зүг［ズグ］	98
帽子	малгай［マルガェ］	137
～の方へ	～ рүү［ルー］	50
訪問す(る)	зочил-(но)	
	［ゾチル(ン)］	82
ボーズ(羊肉まんじゅう)	бууз	
	［ボーズ］	61
ほかの	өөр［ウール］	102

150 зуун тавь
ゾーン タヴィ

星	од [オド]	135
ホテル	зочид буудал [ゾチド ボーダル]	136
ホブスゴル (地名)	Хөвсгөл [ホブスゴル]	25
本	ном [ノム]	48
本屋	номын дэлгүүр [ノミン デルグール]	48

ま

毎日	өдөр бүр [ウドゥル ブル]	77
前	өмнө [ウムヌ]	98
前	өмнө [ウムヌ]	34
また	бас [バス]	38
まだ	арай [アラェ]	38
街	хот [ホト]	136
街の中	хот дотор [ホト ドトル]	136
待 (つ)	хүлээ-(нэ) [フレー (ン)]	38
まっすぐに	чигээрээ [チゲーレー]	46
まったく	огт [オグト]	62
待ってください, 待つように!	хүлээгээрэй [フレーゲーレー]	44
祭り	наадам [ナーダム]	89
学 (ぶ)	сур-(на) [ソル (ン)]	64
間に合 (う)	амж-и-(на) [アムジ (ン)]	34
マフラー	хүзүүний ороолт [フズーニー オロールト] 〈首の巻きもの〉	137

み

右	баруун [バローン]	98
湖	нуур [ノール]	135
店	дэлгүүр [デルグール]	48
道	зам [ザム]	46
道を(歩く)	замаар [ザマール]	46
南	өмнө зүг [ウムヌ ズグ]	98
耳	чих [チヒ]	132
見 (る)	үз-(нэ) [ウズ (ン)]	30
ミルク	сүү [スー]	61

民族	ард [アルド] 〈人々，民衆〉	79
民族音楽	ардын хөгжим [アルディン ホグジム]	78
民謡	ардын дуу [アルディン ドー]	81

む

蒸し器	жигнүүр [ジグヌール]	133
息子	хүү [フー]	138
娘	охин [オヒン]	138

め

目	нүд [ヌドゥ]	132
めがね	нүдний шил [ヌドゥニー シル]	137
召し上が(る)	зоогл-о-но [ゾーグル (ン)]	130

も

～も	～ бас [バス]	38
～も	～ ч [チ] 〈～でも〉	90
～も	～ ч бас [チ バス]	58
もう	одоо [オドー]	10
もう一度	дахиад [ダヒャード]	48
木曜日	дөрөвдэх өдөр [ドゥルウデッヒ ウドゥル]	97
もしもし	Байна уу? [バェノー]	66
(「もしもし」に答える場合) はい	Байна. [バェン]	67
戻 (る)	буц-(на) [ボツァ (ン)]	87
もの	юм [ユム]	69
もの	зүйл [ズイル]	70
もら (う)	ав-(на) [アウ (ン)]	58
森	ой [オェ]	135
モンゴル	Монгол [モンゴル]	24

や

| やかん | данх [ダンハ] | 133 |
| やさい | ногоо [ノゴー] | 140 |

ЗУУН ТАВИН НЭГ 151
ゾーン タウィン ネグ

安い	хямдхан［ヒャムドハン］	120
休み	амралт［アムラルト］	88
休 (む)	амар-(на)［アマル (ン)］	84
休んでください	амраарай	
	［アムラーレー］	82
屋根	дээвэр［デーウェル］	134
山	уул［オール］	102

ゆ

夕方	орой［オロェ］	33
郵便局	шуудан［ショーダン］	46
ゆっくり	удаан［オダーン］	64
	〈時間的に長く〉	
ゆっくりと	сайхан［サェハン］	83
	〈充分に，快適に〉	
指	хуруу［ホロー］	132
指輪	бөгж［ボグジ］	137
ゆる (す)	уучил-(на)	
	［オーチル (ン)］	39

よ

ようこそ	Сайн явж ирсэн үү?	
	［サェン ヤウジ イルスノー］	96
～ (の)ようです	～ юм шиг байна	
	［ユム シグ バェン］	42
羊毛	ноос［ノース］	102
ヨーグルト	тараг［タラグ］	61
呼 (ぶ)	дууд-(на)［ドーダ (ン)］	44
夜	шөнө［シュヌ］	106
喜び	баяр［バヤル］	71
よろし (い)	бол-(но)［ボル (ン)］	6
よろしいですか	болох уу?	
	［ボルホー］	6
四番目の	дөрөвдэх	
	［ドゥルウデヒ］	97

ら

ライス	цагаан будаа	
	［ツァガーン ボダー］	61
来年	ирэх жил［イレホ ジル］	126

り

力士	бөх［ボホ］	74
料理	хоол［ホール］	58
旅行す (る)	яв-(на)［ヤウ (ン)］	86
りんご	алим［アリム］	140

れ

歴史	түүх［トゥーヘ］	81
レストラン	ресторан	
	［レストラン］	60

ろ

ロシア	Орос［オロス］	76

わ

わが家に	манайд［マナェド］	82
わかりません	Мэдэхгүй.	
	［メドゥホグイ］	7
わか (る)	мэд-(нэ)［メドゥ (ン)］	46
	〈知る〉	
わか (る)	ойлго-(но)	
	［オェルゴ (ン)］	48
	〈理解する〉	
わたし	би［ビー］	7
わたしたち	бид［ビッド］	82
わたしに	надад［ナダッド］	54
わたしの	миний［ミニー］	18
渡 (す)	өг-(нө)［ウグ (ン)］	73

ん

～んです	～ юм［ユム］	86

152 зуун тавин хоёр
ゾーン タウィン ホヨル

著者略歴

温品廉三（ぬくしな れんぞう）
元東京外国語大学モンゴル語教師。

新装版
ゼロから話せるモンゴル語

2025 年 4 月 20 日　第 1 刷発行

著　者　温品廉三
発行者　前田俊秀
発行所　株式会社三修社

　　　　〒 150-0001　東京都渋谷区神宮前 2-2-22
　　　　TEL 03-3405-4511　FAX 03-3405-4522
　　　　振替 00190-9-72758
　　　　https://www.sanshusha.co.jp
　　　　編集担当　伊吹和真

印刷製本　壮光舎印刷株式会社

©Renzo Nukushina 2025 Printed in Japan
ISBN978-4-384-06104-8 C0087

音声制作　　　高速録音株式会社
カバーデザイン　山内宏一郎（SAIWAI design）
カバー写真　　HEMIS / アフロ

JCOPY〈出版者著作権管理機構 委託出版物〉
本書の無断複製は著作権法上での例外を除き禁じられています。複製される場合は、
そのつど事前に、出版者著作権管理機構（電話 03-5244-5088 FAX 03-5244-5089
e-mail: info@jcopy.or.jp）の許諾を得てください。

本書は『CD 付 ゼロから話せるモンゴル語』（2006 年 5 月刊行）の新装版です。